日本語とはどういう言語か

石川九楊

講談社学術文庫

学術文庫版　まえがき

言葉なんかおぼえるんじゃなかった
言葉のない世界
意味が意味にならない世界に生きてたら
どんなによかったか

（田村隆一「帰途」）

一声、「ピィー」と鳴けばすべてを言いつくせる空の鳥のように、一介の自然、自然の一現象にすぎなかったとすれば、ヒトはどんなにか充ち足りていたことだろう。だが、不幸にも、たいせつなものの大半は漏れ落ちてしまう笊《ざる》のような「言葉」をやりくりしながら人間は、四苦八苦生きていかざるをえない。

厄介なことには、日本語人は日本語とともに、日本語を使って考え、日本語で表現しつつ生きるしかない。日本文化と呼ばれるもの、国民性といわれる思考、習慣のスタイルは、日本語の構造から生まれ、再生産されつづけている。

本書はこのような問題意識から、「日本語とはどういう言語か」その構造を明らかにしようと試みたものである。

実際にわたしたちが使っている日本語は、西欧言語学の理解をはるかに超えたところに存在している。

たとえば「わかる」とするか、「解る」と書くか、「理解《わか》る」がいいか、それともいっそ「理解できる」と漢語で表すかという、煩雑といえば煩雑、微細といえば微細な思索は、日本語においては重大な問題である。

ここから、日本語をローマ字化する論、仮名書き論をはじめ、作家・志賀直哉のフランス語公用語化論、映画監督・伊丹万作のひらがな不要論など、日本語をめぐる改革論が百出した。にもかかわらず、いまも日本語は、漢字とひらがなとカタカナを使う、世界一面倒な言語であることにとどまっている。

存在するものには、必ずその存在しつづける理由がある。日本語には漢字とひらがなとカタカナが不可欠であり、それらとともに日本語はある。なぜその形を超えられないのか、それは表現の上でいったいどのような特質をもつのか。「タテマエとホンネ」「二重性」――しばしば語られる日本文化の特性も、日本語によって再生産されている。本書はそこへの接近を試みたものである。

私が学生時代以来多くを学んだ著書に、三浦つとむの『日本語はどういう言語か』（講談社学術文庫）という名著がある。まぎらわしい書名となったが、「日本語は」とひとかたまりの言語とするのでは収まりきらない言語の構造を直視することから、「日本語とはどういう言語か」、という書名となった。本書では十分に展開しきれているわけではないが、「漢字語」と「ひらがな語」と「カタカナ語」の集合体を「日本語」と呼びならわしているのではないかという予感がこの書名にこめられている。「国文法（ひらがな語文法）」はあっても、「日本語文法」は存在しない。「さかづき」は名詞、「ほ（乾）す」は動詞。それでは、「乾杯」は名詞か動詞か。実のところは「杯を乾《ほ》す」という漢字文であり、国文法の手に余る。たしかに存在する日本語。だがそれは考えられているほど自明のものではない。この意味で、「日本語とは」とした。

　清水次郎長一家の森の石松ではないが、

「日本語一家に、肝腎のエース、石松ならぬ文字を忘れちゃいませんか」

と問うた本を、講談社の本橋浩子さんが見つけ、講談社学術文庫に加えてくださった。また新しい読者に出会えることはうれしく、またありがたい。

　文庫化にあたり次の三点について表記を改めた。

①「漢字」「平仮名」「片仮名」→「漢字」「ひらがな」「カタカナ」。論旨にそえば、この表記しかありえないことに思いいたったからである。
②「漢字文化圏」→「漢字文明圏」。漢字は「文化」の問題ではなく、「文明」の問題であることを確信するにいたったからである。
③その他文章の流れの悪いところについて若干手を加えた。

付記すれば、現在巷《ちまた》で喧《かまびす》しい「クールジャパン」なるものは、氾濫するカタカナ、カタコト（片言）、ネオテニィ（幼態成熟）文化と、きわめて月次《つきなみ》、紋切り型に矮小化されたひらがな文化が生んだへんてこりんな自己愛文化である。二十一世紀初めの劣化期日本語が生んだいたずらな社会現象であり、漢字語の再建によってこれを統御する必要があることの原理も本書から明らかになるはずである。

二〇一四年十二月

目次

日本語とはどういう言語か

文《かきことば》篇

序章　日本語の輪郭

極東の弧《ゆみ》なりの島嶼《とうしょ》に日本語という名で括られる言語がある。東北、関東、中部北陸、関西、中四国、九州、沖縄、さらにはより小さな地方語を統合してなる日本語は、単なる一部族言語にとどまらない東アジアの一地方国家語の性質を朝鮮語や越南《ベトナム》語と同様に有している。

この日本語はどのような特質を有しているか。その輪郭を素描する。

一　日本語の前提

一　言葉は人間の表出と表現の中心に位置する

自然（人間が介在しない世界）や世界（人間が介在した自然）は、言葉よりもはるかに大きく、深く、また速く動いている。だが、言葉を獲得することによってこれらから離脱した人間は、言葉というヴェールごしにしかこれらに触れることができない。たしかに一枚の絵画は、粗略な語彙を凌ぐ複雑微妙な色彩を表現する。だが、それとて、赤、青、黄色等の語彙と、色彩について語られ続けてきた文体とともにあり、言葉なしに存在しうるわけではない。自然とともにあり、自然の一部である動物は自然を知りえていようが、人間は自然を知らない。なぜなら、人間の前には自然も世界も言葉としてしか存在してはいないからだ。

言葉は人間にとって、もっとも根柢《こんてい》的な表出、表現行動である。人間は言葉する行動的な存在、否《いな》、文化の水準《レベル》でいえば、言葉こそ人間であるといってもいい。

言《はなしことば》は、声の強弱や高低、身ぶり手ぶりという肉体を必ずまとい、文《かきことば》もまた、書字《しょじ》の強弱や大小、疎密などの肉体をまとう。肉体なくして人間の精神もないように、声や書字（筆《ひっ》蝕《しょく》）なくして言葉の精神も存在しない。したがって言葉の表出や表現は、言《はなしことば》の周辺の話芸や音楽、舞踊、塑像、スポーツ、また文《かきことば》の周辺の文学や書、絵画、デザイン、彫刻、建築などを引き連れて存在している。

人間の、このような総合的でしかありえない表出や表現の抽象化の極《きょく》に、言《はなしことば》と文《かきことば》の精神を想定できるが、その考察のみによっては、言葉の全貌の解明には至らない。たとえば、「了解」という一言を発することと、片目をつむって肯《うなず》くこととの間に、表出、表現上の意味の上で大きな差はない。前者には言葉があり、後者には言葉はないという視点からは、生きた言葉の問題はなんら解明されえない。

二　言葉は言《はなしことば》と文《かきことば》の統合である

言《はなしことば》はあっても文《かきことば》のない言語はむろんありうる。それどころか、文字の成立が、わずか数千年前の出来事にすぎぬ以上、人類史のほとんどは言《はなしことば》のみの時代であった。とはいえ、文《かきことば》が成立して以降は、文《かきことば》と言《はなしことば》の語彙と文体の相互浸透や、文字が発音を規定する綴り字発音等、むしろ文《かきことば》が言《はなしことば》を根柢において支えるという逆転が生じている。したがって、言葉は言《はなしことば》のみによって考察されうるものではなく、文《かきことば》の成立以降は、文《かきことば》と言《はなしことば》の統合として考察されるべきである。

にもかかわらず、「あけましておめでとう」と話すことはあっても、「謹賀新年」と話しかけることはないように、いまだ文《かきことば》と言《はなしことば》はそれぞれ別の道を歩んでいる。この乖離《かいり》は、文《かきことば》においてさえ、漢字文の極とひらがな文の極の二極を有する二重複線言語・日本語においてとりわけ著しい。

そして、さらにつけ加えれば、言《はなしことば》は市民社会に、文《かきことば》は国家に喩えることができる。

三　声が言葉に内在的であると同様に、文字もまた言葉に内在的である

文《かきことば》における文字――正確には書字（筆蝕）――は、言《はなしことば》における声に相当する言葉の肉体である。声が言葉に内在的であるなら、文字＝書字もまた言葉に内在的である。

言葉の表出や表現においては、「雨」と「あめ」と「アメ」とは、声は同じでも異なる意味と価値を宿す。この漢字、ひらがな、カタカナの文字の種類の違いのみならず、さらにそ

の書きぶり（筆蝕）の違いもまた、言《はなしことば》における声の強弱や音の高低のごとく意味と価値の違いを明示する。

たとえば「ありがとう」と丁寧に言えば感謝の意味であり、遠くに去って行く相手に「ありがとう」と大声で叫べば、感謝に加えて、「さようなら」の意味をも盛る。厄介そうに「ありがとう」と言えば、感謝ではなく、逆に「迷惑だ」の意味と化す。この「ありがとう」と発しながら「迷惑だ」という逆の意味を盛るところに言葉の逆説性の秘密があり、誰もがこの用法を知り、実際に使っていながら、どのような辞書を披《ひら》いても、「ありがとう」という見出し項目に「迷惑だ」という意味（意義）が記されることはない。

この逆説性は文《かきことば》の文字の書きぶり（筆蝕）においても同様である。丁寧に心をこめて書かれた「ありがとう」は感謝の意味だが、走り書かれていれば、別段有難いわけでもないが、形式上、一応礼を言っておくという意味に終わる。なぐり書かれていれば、「迷惑だ」という意味にすぎない。

「ありがとう」という言葉は、必ず「ありがたくはない」という逆の意味を内に孕《はら》む矛盾によって存在し、「迷惑」という言葉も「感謝」という逆の意味を内に孕んでいる。辞書に登載されているような意義とは別に、声や書字の肉体のいかんによっては逆の意味を盛るところに、言葉の本質が隠れている。この事実に気づかなかったために、音韻と語順と意義の文法言語学が、日本語のローマ字書き、仮名書き論等、不毛な言語論と政策とを生んできた。

四　言葉は語彙と文体からなる

初等教育としてはともかく、言語を考察する上で文法や語順や意義は、さしたる重要な位置を占めない。言葉は、対象を区切り、切りとる語彙と、それらを相互につなげる思想ともいうべき文体とからなる。

ここでいう文体とは、言葉の表出と表現の始発（言葉を引き出す力）であると同時に、その極点（言葉の存在を保証する力）でもあるような、換言すれば、言葉を生むと同時に言葉を支える力の別称である。たとえば「雨が降る」という言葉は、「雨」「降る」という語彙と、この発語に至る以前の始発の漠然とした蠢《うごめ》き、喩えれば糸屑《いとくず》のごときゆ、ら、ぎであると同時に、生まれたこの文の艶《つや》や輝きでもある文体から成ると把《と》える場に、言葉はその姿を現す。

発語者以前に語彙と文体は歴史的、社会的に蓄積されてある。発語者は、このすでにある語彙と文体に倣い、これを借りて発語する以外にないが、そこにはいくぶんかの微妙なる異和が生じる。その異和こそが歴史を動かす原動力である。異和はいくぶん語彙や文体に投影され、そこに生まれた新たな語彙と文体が、歴史的、社会的に受けとめられるという過程を経て、言葉は展開していく。

自然とともにあり、自然自体である動物は、一声発すればすべてを言い尽くすことができる「完全なる言語」つまり言語以前をもっている。自然から離脱した人間の言葉は、百万語を費やしても、ついに自然や社会を把えることのできない不完全言語である。不完全な人間の言葉は、言い尽くせぬゆえに新たな語彙と文体とを永続的に生みつづける。詩や歌に不可避の韻律は、言葉の「言い尽くしえぬ」本質に発する繰り返しと反復を基盤に成立している。

また言葉の文体は、書体、字体をはじめ、さまざまな表現のスタイルとともにある。そのさまざまなるスタイルが文化と呼ばれるものの実体である。

二　日本語とはどういう言語か

一　日本語とは、東海の弧島で生まれた言語である

日本語とは、中国大陸の東、極東の東海の弧島・日本において、ある時代に姿を整えた言語である。政治的な意味での日本の成立は七世紀半ば。これ以前に日本語はない。前日本語としての倭語がこれ以前に存在したことはまぎれもない事実だが、それが、現在の日本列島に統一的に存在したかどうか、また、前アイヌ語や前琉球語とどういう関係にあるかは、現在までのところ不明である。

総合的に考察すれば、現在の日本語にまっすぐにつながる新生日本語（語彙と文体）は和

歌と和文の生まれた平安中期、つまり女手《おんなで》（ひらがな）の誕生期に姿を整え、成立したと考えられる。成立の始まりの象徴は十世紀初頭の『古今和歌集』であり、『土佐日記』『伊勢物語』を経て、十一世紀初頭の『源氏物語』がその仕上げの象徴である。その新生日本語の姿（書体）は、小野道風《おののとうふう》の書「智証大師諡号勅書《ちしょうだいししごうちょくしょ》」（九二七年）、同「屏風土代《びょうぶどだい》」（九二八年）で明瞭な姿を見せ、藤原行成《ふじわらのゆきなり》の「白楽天詩巻《はくらくてんしかん》」（一〇一八年）に完全なる姿を現す。

二　日本語とは漢字とひらがなとカタカナという三種類の文字をもつ言語である

もしも文字が言《はなしことば》を書き留めるための記号であるなら、一種類の文字があれば十分である。ところが、朝鮮語は漢字とハングルの二種類の文字言語をもち、日本語は漢字とひらがなとカタカナの三種類の文字言語をもつ。「ame」という同一の発音（厳密には意識する文字の違いによって発音は微妙に異なる）においても、文字言語「雨」と「あめ」と「アメ」とは、同種でありながら、異なった歴史を宿し、それゆえ異なった意味を宿す三種類の表出と表現を有している。「あめがふる」と「あめが降る」と「雨がふる」と「雨が降る」と「アメがふる」「アメが降る」「あめがフル」「アメガフル」……は厳密にはそれぞれ意味と価値を違えている。たとえば、「あめがふる」は柔らかく温度が高く、「雨が降る」は冷静、一般的であり、「アメガフル」は一音一音確認的、中立的である。この事実だけでも、文字は言葉に内在的であることを証すに十分である。

漢語（漢字語）から生まれ、それへの戦略と戦術によって分かれた中国語と日本語と朝鮮語と越南語は、文字＝書字に主律された言語圏の言語である。たとえば日本語で「ジューキ」と聞いても「重機」か「銃器」か「戎器」か「重器」「重喜」「住基（住民基本）」であるか解《げ》せない。文字を思い浮かべることによってはじめて理解に至る日本語は、文字中心の言語である。したがって、日本語では声ではなく「文字を話し」「文字を聞く」。音写文字であるアルファベットの西欧語は「声を話し」「声を聞く」言語といちおうは規定されようが、それとて『聖書』の印刷出版とルネサンスが切り離せないように、「文字を話し」「文字を聞く」側面がないわけではない。

別段、声高にいうこともないが、漢字とひらがなとカタカナの三種類の文字をもつという点において、日本語は世界に特異な言語である。この特異性と比較すれば、日本語の文法的な特徴なるものは微々たる差でしかない。

三　日本語の語彙は漢語＝音語と、和語＝訓語と、カタカナ語＝助詞からなる

日本語では、たとえば漢字「雨」の一方には煙雨、急雨、劇雨、豪雨、穀雨、驟雨《しゅうう》、沐《もく》雨《う》、苦雨、愁雨、梅雨、風雨、飛雨、夜雨、霖雨《りんう》、連雨、春雨、雨気、雨後、雨景に連なる音語「ウ」があり、また他方には、はるさめ、こさめ、きりさめ、あまみず、あまがさ、あまあし、あまがえる、あまぐ、あまぐも、あまだれ、あまつぶ、あめあがり、あまあし、あ

めかぜ、あめふりに連なる訓語「あめ」がある。「雨」という漢字の片面に音語、また他の面に訓語という二重性、二併性の言語である。「春雨」は音語「シュンウ」であり、また訓語「はるさめ」でもある。「シュンウ」と「はるさめ」は大まかな意味において、春の雨であることに何の変わりもないが、言葉の表出や表現においては、前者と後者とは意味と価値を違えている。とはいえ、漢字を廃止し、「シュンウ」と「ハルサメ」とカタカナ表記すれば煩雑さを免れるということにはならないところに、文字＝書字中心言語の厄介さと絶妙さがある。

　音語たる「ウ」は漢語圏に広がり、訓語たる「あめ」は和語圏に広がる。この場合、漢語を即中国語といえぬように、和語もまた即和語成立以前からの弧島語＝古代倭語と規定することはできない。

　たとえば、「馬」の訓語「うま」は大陸語「ma」に、「梅」の訓語「うめ」は大陸語「mei」に由来する。さらに、「働」は訓語「はたらく」に生じた国字であるが、「ドウ」という音語も生んでいる。また、漢語ももともとは、大陸・漢に由来する語彙ではあるが、近代において日本で生まれた漢語も多く、しかも、漢語も和語も共に日本語であるから、正確には、音語と訓語と呼ぶ方が間違いは少ないといえよう。こう呼べば、和語＝古来の（美しい）日本語、漢語＝中国渡来の（さかしらな）外来語という、本居宣長《もとおりのりなが》的に歪んだ国粋的誤解も少なくなるだろう。

ひらがなは訓語を成立させたが、カタカナは漢詩漢文に挟み込まれた「異和」であり、漢詩漢文を開き、新しい日本文・漢詩漢文訓読文をつくり上げた助詞「テニヲハ」の象徴である。

四　日本語の文体は、漢詩・漢文体と、和歌・和文体を両極として成立している

日本語の文体は「委細面談」式の漢詩・漢文体を一方の極とし、「くわしいことはおめにかかったうえで」式の和歌・和文体を他方の極とする広がりの中にある。「委細面談」の付近に「委細ハ面談」式のいわゆる漢文訓読体があり、両極の間には、「委細はおめにかかったうえで」「くわしいことは面談で」等、種々雑多、複数の文体がある。

この複数の文体の同時的存在は、漢字とひらがなとカタカナの三種類の文字を有する日本語に不可避の構造的特徴である。

五　漢詩・漢文とそれらの訓読体と音語は主として政治的、思想的、抽象的表現を担い、和歌・和文と訓語は主として性愛と四季と絵画的具象的な表現を担う

音語と漢詩・漢文とそれらの訓読体は、日本語史における歴史的役割（棲み分け）から、政治的、思想的、抽象的表現を担う。科学論文や法律文が、音語的、漢文訓読体的にならざるをえない理由はそこにある。

また、『古今和歌集』に代表される訓語詩＝和歌は、基本的にひらがな詩である。ひらがなは「女手」と呼ばれ、女性に解放されたこともあって、四季（自然の性愛）と性愛（人間の四季）の語彙と文体に圧倒的な厚みをもつ。同時に訓語詩＝和歌が確立した五七五七七の音数律は、日本語の韻律に大きな影を落としている。テレビジョンが「テレビ」、パーソナルコンピュータが「パソコン」と省略される現代カタカナ語の三音化、四音化は、この和歌の音数律との関係においても考察されうる。また、『源氏物語』に代表される訓語文たる和文、女手文もまた、性愛と四季の語彙と文体に厚みを形成してきた。

加えて、平安時代に見られる、葦の葉と文字の字画が溶融した絵画的文字である「葦手《あしで》」に象徴される、絵画と言葉との溶融（平安時代の屏風歌などによって訓練された）は、言葉の具象的絵画的表現に厚みを形成することになった。

六　このような二重複線の日本語の構造は、平安時代中期に生まれた

既述のごとき二重複線の日本語の構造は、平安時代中期の女手（ひらがな＝訓文）成立とともに生まれた。

女手の完全な成立の時期をしぼり込めば、十世紀初頭の『古今和歌集』や『土佐日記』（九三五年頃）を書いた紀貫之《きのつらゆき》の時代にはすでに成立しており、それ以前の菅原道真《すがわらのみちざね》の『新撰万葉集』（八九三年）と遣唐使の廃止（八九四年）の頃がきわめて濃厚であると推定され

る。

ちなみに女手とは、続け字によって単語をつくり、分かち書きによって文の成立にまでふみ込み、自立した女手文を成立させたかなの謂《いい》であって、漢詩・漢文の書式を真似て一字一音（一音節）の単独の文字が、つながることもなく羅列されるばかりの万葉仮名や真仮名《まがな》、草仮名《そうがな》とは次元を違えている。

続け字・分かち書きにふみ込んだ女手の形は、抽象化すれば、上の字を受け、下の字につなぐ「ぉ」型の構造をもつ。「あ・す・お・の」などの形状がその代表的な例である。

ちなみに、カタカナは、漢詩・漢文の右傍に添えられ、これらを開いて日本語をつくるという目的に従って右から打ち込まれる。このためノミかクサビの「ノ」型の構造をしている。「ノ・メ・ク・タ」がその代表的な例である。

七　平安中期に成立した日本語は、中世、近世、近代、戦後、一九七〇年代半ばにそれぞれ転生を遂げている

平安中期には漢字を媒介項として音と訓とが背中合わせになり、二併性の二重複線言語・日本語が、天皇と公家とを中心とする空間に生まれた。

中世、鎌倉時代に入ると、大陸に蒙古族の元朝が成立し、これを避けて、宋の言語と語彙、文字と学問が日本に亡命、疎開するに至り、この租界地として、京都、鎌倉の五山や林

下禅院が生まれた。五山には平安時代とは異なった新たな宋語（音語）受容空間でもあるところの文官政治機構が生まれ、平安時代の音訓二併性の日本語の傍に、さらに新入の宋元詩、宋元文（五山文学）とそれらの訓読体が加わった新たな日本語が生まれ、それらは鎌倉新仏教運動等によって大衆にまで届くこととなり、ここに中世の日中二元性の日本語が成立した。

近世に入ると、大陸語直輸入機関としての禅院の性格は弱体化して日本化し、ここに、いわゆる重箱《じゅうばこ》よみや湯桶《ゆとう》よみ風の、換言すれば、音語が訓語化し、訓語が音語的歪みをもつ、いわば二融性の近世日本語が成立した。たとえば歌舞伎の題名「積恋雪関扉《つもるこいゆきのせきのと》」のごとく。

しかしながら、近代に近づくと、中世以来の漢（音）・和（訓）の二元性をふまえて、漢字の音訓の融合状態から音と訓を原形に復して剝がれやすくし、訓の、意味で西欧語を翻訳し、音の、音《おと》で発音する形で、西欧語の日本語への翻訳を実現した。江戸期の国学と儒学の進展と論争はこの現れである。かくて日本は、アジアではいちはやく、西欧化、近代化を達成するに至った。そして、この西欧語化した漢語は、半島と大陸に逆流することにもなった。朝鮮半島の植民地化や大陸侵略はその社会的な現れという一面をもつ。

近代において、特記すべきは、近代活字＝印刷の成立である。この意味は、江戸時代に成立した印刷出版書物流通の問題以上に、ひらがなが連続・分かち書き体の「語」の姿を崩さなかった江戸時代の木版印刷とは異なり、女手、ひらがなの文字も一字を単位に分解され、

「語」としての連続を解かれた点にある。これによって、一字で表語性をもつ漢字と、数字連合しなければ表語性をもつことのできないひらがなとが、あたかも一字単位で等価であるかのような錯覚が生まれ、ローマ字書き論や仮名書き論が生まれた。明治三十三年の改正小学校令の一音一字限定制もこの波及である。

敗戦後の、①いわゆる当用漢字による漢字の使用制限、②歴史的仮名づかいの廃止、③公用文の横書き化という三つの日本語政策の導入は、漢語、和語語彙の縮減と西欧語翻訳文体化をもたらしたが、文字＝書字中心型の日本語において、これらの政策は、日本語における言《はなしことば》の語彙と文体の向上に結実したわけではなかった。

一九七〇年代半ば以後の資本主義の超高度化＝泡沫化《バブル》、さらには一九九〇年代以降加速した、米軍事技術の廃物利用たる通信の超高度化＝情報過剰化とともに、米語の経済や技術の語彙は、漢字化の余裕なきまでに高速度での言語泡沫化状況をもたらし、いわば文字としての十分な体裁を整えていない軽便なカタカナ語やローマ字記号が周囲に氾濫する一方、生活語は貧弱化の度を加速している。

しかしながら、二〇〇一年九月十一日の事件、ひき続くアフガン戦争、スペースシャトル炎上、そして二〇〇三年のイラク戦争は、泡沫資本主義の終わりの始まりに位置づけられる事件であり、無力化した（と思われた）若者の反戦運動の登場など、世界中で、濃密な生活語の恢復《かいふく》運動は少しずつではあるが始まっている。

長期的に展望すれば、詩や言葉が無力であった泡沫《バブル》の時代は四半世紀ほどはもみ合うことはあっても、9・11事件（特攻機突入を契機とする超高層ビルの二次的自己崩壊）で限界を見せた。再び詩や言葉が希望と理想を語る力をもつ時代の姿はおぼろげには見えてきた。グローバリズム（アメリカの八紘一宇《はっこういちう》〈松本健一〉）に代わる民衆の国際連帯は、現在の延長線上に、英語を国際語とするか、新たなエスペラントが採用されるか、あるいはかつてライプニッツが夢想したように漢字を共通語とするか、それとも共通語を作らずに、相互翻訳主義を貫くかについては、いまだ語るべき段階に至ってはいない。

以上が、ごく粗い日本語の輪郭の素描である。

第一章　日本語とはどういう言語か

一　言葉は乱れるものである

いつものことながら、「日本語が乱れている」といわれ、「美しい日本語」「正しい日本語」などという言葉が、またぞろ飛び交うようになった。

個別の日本語の美しいスタイル表現はありえても、日本語が構造的に「美しい」とは、まったく手前味噌な風説で、これこそいまだ真の意味では払拭されたとはいいがたい「神の国」妄想、もしくはその妄想から再生産される根拠なき幻影である。こういう人たちが、「美しい日本」をいい、他国に対して「汚い××国」とありもしない差別的妄言を弄することになる。

言葉は生きて活動しているから、紋切り型の表現に堕すことを避け（紋切り型の表現こそ怠惰な醜い言語である）、自らの姿を次々と変えようとする。それが俗にいう「言葉の乱れ」である。むろん改善と改悪がある以上変わることのすべてがよいわけではないが、在来の言葉（語彙と文体）のスタイルの「点検保守」と変革との力競べが結果的に変化の方向を決定する。

さて、このような現況の下で、日本語とはどういう言語であるかについて考えてみる。

日本語の生活においては日々口にしない人はいないと思われる「おはよう」と「こんにちは」と「こんばんは」の三語を考察するだけでも、日本語がどういう言語であり、また、従来さまざまに語られてきた日本語論の誤りを正すのに十分であるように思われる。まず、日本語は漢語と和語からなる二重複線言語であり、従来の音声・音韻中心の言語学は相対化されなければならないことが明白になる。

「おはよう」は「おはようございます」、関西では「おはようさん」とも言う。ところが、「今日《こんにち》は（今晩《こんばん》は）」は、「今日は（今晩は）ございます」とも「今日は（今晩は）さん」とも言わない。

朝・昼・晩と最も一般《ポピユラー》的に使われる挨拶語すら整合性をもたない言葉が、なにゆえ正しく、美しいのか私には理解できない。

多少とも整合性をもたせようとして生まれる言語的試行は、たとえば、かつてのトニー谷のように、「おはよう」に合わせた「おこんばんは」のごとく笑いの対象にしかならない。北海道弁では夕の挨拶は「おばん（晩）です」だが、朝は「おあさです」や「おちょう（朝）です」と挨拶するわけでもない。

朝は「おはよう」という挨拶語が、昼、夜は「今日は」「今晩は」と異なった存在形態をもつ理由は、「おはよう」が訓語＝和語系、「今日は」「今晩は」が音語＝漢語系の言葉であること、つまり日本語が、漢語と和語の二重複線の歴史をたどってきたことに求められる。そのため、「おはよう」「おなかよう」「おそよう」(遅れてきて「おはよう」と挨拶する相手に「おそよう」と皮肉ることはある)というような訓語的整合性も、また、「今朝《こんちょう》は」「今日《こんにち》は」「今晩《こんばん》は」という音語を軸に据えた統一性にも欠く。それのみとはいわないが、対称(拡張すれば公平)と等間隔(拡張すれば平等)つまり「整斉」が東西を問わず、最も基本的な美の原理であろうが、日本語は挨拶語においてさえそれらを欠落しているのである。

連日、反復的に発せられる挨拶語は、言葉の変化を敏感に映し出す。近年、「おはよう」は昼夜区別なく使われ始めた。学生たちから午後の講義で「おはようございます」と挨拶された時には異和感が強く、「ここは水商売じゃない、芸能界じゃない」と私は返していたが(今もときどき返すが、最近になると、学生の挨拶に合わせて自らの口から「おはよう」と出そうになってあわてて口をつぐむのが現状だ)、午後の講義で「今日は」と挨拶することにしっくりこない異和感は徐々に高まっている。

また若者同士で交わされている「おはよう」の略語「おっはー」も、若者が一時的に面白がっているにすぎないのか――たぶんそうだろうが――、あるいは朝の挨拶語として本格的に定着するものやら分からぬが、「おはよう」が「こんにちは(こんばんは)」と同じ挨拶語であるにもかかわらず、音、訓異なる位置を占めて不安定である以上、「おはよう」が変貌することにも理由があるのだから、これを言葉の乱れ、汚い言葉などといって済まされるわけではない。言葉はそれを用いる力の関係で生まれもし、また消えもする。「おっはー」と挨拶する子供たちには、「おはよう」としっかり返して、『おっはー』は上等な言葉ではない」とでも一言添えておけばよいのである。その社会的な力関係の結果として、消えるべきものは消え、また定着するものは定着する。「おっはー」を言葉の乱れとする人は、「おはよう」自体が「お早いお出かけでございますね」や「お早いお着きでございます」の略語であった歴史を忘れているのではないだろうか。

さらに、これら日本語の挨拶語、「おはよう」や「今日は（今晩は）」は、また現在の言語学の通念を相対化する手がかりを与えてくれる。これらは発生上は文の省略、省略文であるが、現在においてはすでに挨拶の語である。つまり、語と文、あるいは語と語は、考えられるほど明瞭に線引きされるものではない。現在手許にある国語辞典は「おはよう」については見出し語にしているが、「今日は（今晩は）」については「今日（今晩）」の見出し語の下、「……は」として解説する。だが、これだけ自立を遂げた汎用の語にはふさわしくない処遇で、当然見出し語とし、「こんにちわ」「こんばんわ」と表示すべきであろう。

加えて、英語等西欧語の略語についても同様のことがいえる。テレビジョンをテレビ、パーソナルコンピュータをパソコンというように、外来で新入のカタカナ語の三音化、四音化現象は、カタカナ語を日本語として肉化するはたらきである。「ヤマダ・ヤマモト、サタケ・サカシタ、ヨシダ・ヨシカワ」など三音（短拍一＋長拍二）と四音（長拍二＋長拍二）は、漢語に一般的な二字熟語（連語）をひらがなよみする時の音数律であり、「五七五七七」の和歌や「五七五」の俳句の音数律に通じる。ちなみに「五」は「四拍＋短一拍」あるいは「三拍＋長二拍」からなり、「七」は「三拍＋四拍」からなる。

テレビジョンがテレビと呼ばれる段階は、一家に一台さらには一人一台に対応し、またパーソナルコンピュータがパソコンと呼ばれるようになると、小学生や老人まで必要な道具と錯覚される事態に至る。テレビジョンやパーソナルコンピュータが、ヤマダさんやヨシカワさんのようにごく身近な存在と化すという、他の言語には見られぬ矮小化と玩具化と普及化が起きること、外来品の特異な受容に無知であることを、私は苦々しくは思うが、三音化、四音化の省略自体は日本語の乱れでも何でもなく、むしろ日本語が美しくもなんともない——別段汚いという必要もないが——性格を証明しているだけのことである。

二　日本語は漢字・ひらがな・カタカナからなる言語である

日本語を定義づける方法はいろいろあろうが、現在日本の言語学者の一般的なそれとしては、——①五母音、②「l」と「r」の区別がない、③ＳＯＶ（主語・目的語・動詞）の語順

④兄と弟を区別する語彙をもつ――あたりをよく目にするが、それは後述するように、言《はなしことば》と文《かきことば》を混同した誤謬の論である。表記文字、表記法に多少の差はあってもアルファベットを共通の文字とする音声中心言語の西欧にあっては、母音数や発音や語順が言語を分類する重大な要素となりえても、アルファベットとは使用文字を異にする、中国、朝鮮、日本、越南の東アジア漢字語圏の言語においては、音声以上に文字の違いが、言葉の違いを定義づける。前記の各項目以上に、日本語を特徴づける定義は、日本語は漢字、ひらがな、カタカナの三つの文字からなる世界に特異な言語であるという一点に尽きるものであり、これ以外に的確な定義は考えられない。

なぜなら、言語の音や音韻、語順が対象的に考察されることによって固定されて一定の法則（文法）を有するのも、文字が書かれ、綴られる文字化後のことであり、文字言語たる文《かきことば》をぬきには実際上、文法は成立しないからである。

言語学者・角田太作は『世界の言語と日本語』（一九九一年、くろしお出版）の中で、日本語を世界百三十の言語と語順等を比較した上で、「日本語は特殊な言語ではない。しかし、英語は特殊な言語だ」と導き出している。音韻・語順言語学からはそうなのかもしれない。だが、三通りもの文字と語彙と文体を内在化し、用いる言語という点では、世界のどこの言語とも異なっていることは間違いなく、ここに日本語の抜きん出た特異性が存在するのである。

三　すべての言《はなしことば》は抱合語的、孤立語的、膠着語的、屈折語的である

さて、話題を少し変える。現代の言語学では、すでに通俗的分類とされているようだが、言語を孤立語、膠着《こうちゃく》語、屈折語に三分類（シュライヘルの三分法）、あるいはこれに抱合語を加えて四分類する構造分類法は、世界の言語を分類する上で一定の有効性をもつ。ちなみに日本語は朝鮮語などとともに膠着語に分類される。

シュライヘルは言語を、①非文節的不替変的意味形式（意味音韻）の孤立語、たとえば中国語、②不替変的意味形式に関係形式（関係音韻）の接合語（膠着語）、たとえばフィン語、タタール語、デカン語その他、③語根そのものが関係を表すために規則的に替変しうると同時に接合の手段を持っている屈折語、たとえばインド＝ゲルマン語に分類する。ちなみにA・Fr・ポットに従って抱合語を補足すれば、④抱合語とは単語と文の区別のなくなった言語でアメリカ土着語やエスキモー語をこれに数える。

むろんシュライヘルが、先史時代に、孤立語から接合語(膠着語)が生じ、接合語から屈折語が生じたとするように、この三分類法は、自らの西欧語がいかに高度な言語であるかを説明するための植民地主義的、帝国主義的発達史観上の説である。その時代の限界に裏打ちされた偏狭性を証す、次のような滑稽な論さえある。

たとえば言語構造と社会構造の並行を説くマックス・ミュラーによれば、①孤立語は「家族語」で、互いに気質や思想を完全に知り合っている一家族（部族）の各員が極めて簡単で不完全な暗示によって諒解し合うのに役立つ、②膠着語は「遊牧語」で遊牧生活の必要によるもので、常に別れたり遭ったりする諸種族は語根の完全さを保たなければお互いの理解に支障を来す、③屈折語は「国家語」であり、社会が安定し秩序が保たれているところに用いられるもので、絶え間なき交通と一定の伝統のおかげで、語根と接辞が融合しても容易に理解し合うことができるとする。

十九世紀当時の西欧の言語学者には、日本や朝鮮は頭になかったものと見えて、膠着語を「遊牧語」とする。すると膠着語の日本人は遊牧社会人ということになるらしい。ホイットニーらの内部批判もあるが、いずれにせよ、これらは西欧屈折語を中心におく、西欧偏向の取るに足りない説である。

それではこの孤立・膠着・屈折という形態分類は何の根拠もない通俗的な説にすぎぬかといえば、そうともいい切れず、中国語を孤立語、日本語や朝鮮語を膠着語と分類する箇所については、（これについては後述する）見事な分類法であるといってもいい。

おおよそ特徴をいい当てているようでいて、しかし厳密に検討すると無効のようにも思われるこの三分類法の限界は、帝国主義的発達史観にではなく、音声中心、言《はなしことば》中心の西欧的言語と言語観に立つ分類にある。

誓ってもいいが、従来の西欧言語学は言語の本質に肉迫することはできない。部分的に有効ではあるとしても、言語の全体像を解明することはできず、無効である。その理由は、言語を言《はなしことば》と文《かきことば》の統一体として把《とら》える視点を欠いているからである。中国語や日本語や朝鮮語や越南語も言語であるとすれば——言語であることは間違いなかろう——、言《はなしことば》だけで言語を分析できるという観点そのものが、言《はなしことば》と文《かきことば》の両輪の一方を欠く思想である。このような偏頗《へんぱ》な言語学が、人間が人間であることの全体性に関わる言語の問題を解きえようはずはない。

音声中心主義を内省することに欠けたスイスの言語学者・ソシュールは『一般言語学講義』の中で、「言語と書とは二つの分明な記号体系である。後者の唯一の存在理由は、前者を表記することだ。言語学の対象は、書かれた語と話された語との結合である、とは定義されない。後者のみでその対象をなすのである」（小林英夫訳により、一部表記を改めた）と語っているが、事実はまったくその逆であって、言語とは言《はなしことば》と文《かきことば》の有機的統一体であり、文《かきことば》誕生以来は文《かきことば》が言《はなしことば》を基底し、領導すると定義づけられるのである。

たとえば、先史時代に孤立語から接合語（膠着語）が、また接合語（膠着語）から屈折語が生じたと説くシュライヘルも、歴史（有文字）時代には、音と形における言語の衰亡が起こり、言語の機能および文構造に著しい変化が起こったと記しているように、文字をもち、歴史を有することは、言語の構造を変えるのである。

言《はなしことば》や言法といえども、文《かきことば》成立以降においては、――言《はなしことば》から文《かきことば》への浸透という相互浸透があることはむろんだが――文《かきことば》と文法に領導される二次的言《はなしことば》として、無文字時代とはまったく異なった姿につくり変えられ、異なった世界を生きている。

文と文法を持った側が、それらを有しない無文字言《はなしことば》の世界に接近すれば、それは語と文の区別のない抱合語であろうとの分類に陥るのは当然のことである。本質的にいえば人間は何かをいうのであって、すべての言葉はひとかたまりの表現として発せられるのであって、必ずしも語と文を区別しているわけではない。それは注意深く、自らの日常の言《はなしことば》を内省してみれば、理解できることである。

シュライヘルがいうように無文字時代の言《はなしことば》が孤立語↓膠着語↓屈折語と展開したわけではない。無文字時代の言語は、抱合語的でも孤立語的でも膠着語的でも屈折語的でもある言語であった。ところが、文字を有し、文を有する段階に至った時に、それぞれが整合性を求めて、一定の構造へと収斂するのである。したがって、孤立語や膠着語や屈折語という言語形態は、文字化後に生じると整理できる。

シュライヘルの三分法を補足する抱合語という概念は、きわめて滑稽だが、また言葉とは何かを示唆する興味深い概念でもある。

単語と文の区別のなくなった言葉でアメリカ土着語と規定するところから明解なように（アイヌ語も抱合語とされる）、抱合語は、植民地主義的、帝国主義的段階の学者が未知の無文字言語圏に入り込み、この言語を屈折語的文法と、文字ないし発音記号の枠組みで聞きとろうとしたが、いったいどこからどこまでが単語であるかも、詞と辞の区別とその変化の形態もうまく解明することができず、極端にいえば、呪文のように聞いたということにすぎない。つまり未知の言語の発言を理路整然と分解し、分析することができなかったものだから、「単語と文の区別がない」と理解したものにすぎない。抱合語と分類した言語は、文と語の区別がないというよりも、傍からは区別がつけられない以上のことを指してはいない。

口伝えと口真似と口写しを根拠として成立する言《はなしことば》は、無文字の段階においては、それ自体が対象的に観察され、反省されることがない。

フンボルトも注意深く、具体的な言語はいずれも四分類の特徴の複数を含むとして、屈折語の典型はセム語や梵語、また、膠着語とは孤立語でもなければ屈折語でもないという消極的特徴にすぎないと書いているように、どの言語もこれらの四要素を含んでいる。

あえていうなら、抱合語的、孤立語的、膠着語的、屈折語的要素を含むとしかいいようのない力動的、展開的、流動的な言《はなしことば》に形を与え、具象化し、内省化するもの、それはむろん言葉とのつながりを持ちながらも、その外部に生まれる文字であり、文である。文字通り文法とは文が生まれたあとに生じ、固定されるものであって、無文字時代の言《はなしことば》の文（言）法などというものは、あるとしても、我々が考える言葉とは次元を違えた、声の強弱、高低、身ぶり手ぶり以前の舞踊や音楽（前舞踊、前音楽）の総合的表現体として存在しているのである。

言葉は言《はなしことば》と文《かきことば》からなる統合体であり、言法と文法とは、別のものとして峻別することが必要であるにもかかわらず、声中心言語の西欧やその影響下の言語学者たちはこの言法と文法を曖昧にしたまま、言語や文法を語っている。しかも、言《はなしことば》の法といえども、言《はなしことば》に内在する法則ではなく、文《かきことば》と化してのち内省された、つまり文《かきことば》を通して照らし返され明るみに出された法則であり、もはやそれは無文字時代の言《はなしことば》とは違った、文《かきことば》との相互浸透、相互干渉されるに至った段階の言《はなしことば》の法則に他ならないのである。このように、言《はなしことば》の分類としての抱合語、孤立語、膠着語、屈折語という分類はさしたる本質的な意味を持たないが、いったんここに文＝文字の問題を加味すると、きわめて有効な分類法と化すことになる。それどころか、この分類以外に有効な文法はないといってもいいほどである。

孤立語を、表音の水準から見ていくのでは、何も明らかにならない。孤立語と指摘していい言語はほぼ中国語に限られる。中国語とは漢字という旺盛な造語力をもつ（偏《へん》と旁《つくり》等の部首の組み合わせと連語〈熟語〉でどんどん増殖していく）文字言語である漢語に吸収されて作られ、固定された言語である。別段中国大陸に統一した中国語があったわけではないことは、現在においても、少数民族語は別にしても、北京語、上海語（呉《ご》語）、広東語（粤《えつ》語）、福建語（閩《びん》語）、客家《ハッカ》語等の違い（もともとは違った言葉）があることからも明らかであろう。もとより無文字の大陸の言語がこの程度の数であったはずはなく、その数十倍の族語があったことだろう。のみならず、北京、上海、広東、福建各地方（ヨーロッパでいえば、二十〜三十箇国に相当する）の言語がもともと単音節孤立語であったというよりも、漢字＝漢語＝漢詩＝漢文の孤立語性によって、大陸諸語がもともと有していたと推定される抱合語的、膠着語的、さらには屈折語的性格が吸収されて新たに生まれたのである。中国語とは、単音節孤立字である漢字によって吸収され、統合された言語を指す。中国語とは、文字言語の成立後に生まれた漢字のみを使用する言語の別称である。

大陸では、漢字・漢語に裏打ちされた文《かきことば》の強さ（水圧）が、いわば言《はなしことば》の抱合語的、膠着語的、屈折語的性格を奪い去り、孤立語へと吸収した。つまり、中国語とは、漢字のみによって成り立つ言語を指す。もともとの中国語以前の大陸の諸言語は、チベット語的でも、アルタイ語的（おそらくこの言語構造自体も中国語〈漢字語〉との関係で生まれたものであろうが）でもある、換言すれば、日本語以前や朝鮮語以前や蒙古語以前や越南語以前と変わらぬ構造の言語であったと考えられるが、文字化によって孤立語と化して後は、膠着語的、屈折語的柔軟性と融通性を失い、断言の言語、断乎たる政治語になったのである。

この孤立語・中国語の周囲をとり巻くのが膠着語である。朝鮮語、日本語、蒙古語、さらにはトルコ語などの膠着語が孤立語の周囲をとり巻く。この地勢的事実だけでも、膠着語が孤立語との関係に生まれたのではないかという状況証拠としては十分であるかもしれない。

これに孤立語（詞）＋α（辞）の構造を加えて考察すればよい。大陸中央部では漢字語に吸収され孤立語と化した。そしてまたこの圧倒的な語彙をもつ高水圧の中国語（漢語）は周辺地域に流れ出す。その高度な政治語の水圧は、周囲の小さな諸語の存在を圧殺する。周辺地域の為政者は、この中華体制下に入り込み、中国語、漢文、漢詩を公用語とする。しかし、周縁部は、当事地域である大陸内諸語のように、圧倒的な漢字語力に完膚なきまでに圧殺あるいは吸収されたわけではないから、この中国語に対する異和が生じ、そこに異和を挟み込む。この異和こそが漢語語彙の間に挟み込まれる助詞や接辞による膠着構造である。

ここで接辞たる助詞が、中国語の断言性への異和の表出語として、採用、あるいは新造される。このように、膠着語とは大陸的政治への異和を含み込んだ、孤立語＝漢語の植民地言語である。

このように考察してくれば、屈折語の意味も明らかであろう。屈折語とはアルファベット言語の別名である。アルファベットはむろん文字であるが、漢字のような表意、表語文字とは異なり、無文字時代に鍛えられた発音を写しとるようにして生まれた言語であり、それゆえ、助辞（助字）として独立しない屈折が残り、また文字化後には、系統立って記述され、文法を整備するようになるのである。

したがって、抱合語、孤立語、膠着語、屈折語の分類は次のように整理することができる。

①文《かきことば》（書きとめたとされる言《はなしことば》）が語から成立し、文＝語の構造と見なされる抱合語。
②文が語の集合と見なされ、文＝語＋語の構造の孤立語。
③文中の語が、詞と辞に分類される、文＝詞＋辞の構造の膠着語。
④詞は変化を伴う。ゆえに、文は、接頭的変化詞・接尾的変化詞と接頭的変化辞・接尾的変化辞との合体と認識される屈折語。換言すれば、文＝変化詞＋変化辞の構造の屈折語。

例文で示せば四つの分類は、以下のような記述法＝書法上の違いにすぎぬといえるのである。

あめはげしふる――（字体と肥痩は言語以外の表現の広がりを示す）――抱合語
あめ○はげし○ふる○――（太字と○部は発声上の強弱、高低などで補う）――孤立語
あめ　が　はげし　く　ふる　よ――膠着語
あめが　はげしく　ふるよ――屈折語

語と文が明確に分けられないときは抱合語と分類され、日本語でいう助詞が声調に溶けてしまって文字として記されなければ孤立語であり、また助詞が詞と分別できると把えれば膠

着語で、詞と分けられないと把えれば屈折語と見なされるということ以上ではない。漢字語の漢字に裏打ちされた強固性が孤立語と膠着語を、またアルファベット語の柔軟性が、屈折語を生むことになるのである。

例外なく、抱合語的全体性、孤立語的単語羅列性、膠着語的また屈折語的乱れ――それらのすべてを伴う言《はなしことば》が、有文字化した後に登場する文においては、前記四つの傾向をもって出現するということにすぎない。あえていえば、無文字言語は、①②③④に加えて舞踊や音楽をも含み込んだ言語であるが、これを有文字的視点から切り取る時には①のごとくに見なされる。②と③は孤立語（漢語）文明圏の言語形態で、②はその文明圏の中央部に、③は周辺部に出現する。また①的言語が、音写文字化され、対象的に観察されるようになると、④の屈折語的文法を生み、整備されていくのである。

四　音声、音韻は文字がつくる

日本語タミール語起源説を唱えた大野晋は、『日本語の世界1　日本語の成立』（一九八〇年、中央公論社）の中で日本語の特質を次の七箇条に手際よくまとめている。

（1）音節が簡単な頭子音組織を持つ。

（2）母音終わりという音節構造を持つ。
（3）r音が文節のはじめに立たない。
（4）形容語は形容される言葉の前に来る。
（5）動詞の目的語は動詞の前に来る。
（6）述語は文の末尾に来る。
（7）助詞は、つく言葉の後に来る。

だが、例によって、（1）（2）（3）は文字によって固定された音声次元の言《はなしことば》の問題、（4）（5）（6）（7）は語順という文《かきことば》の組織の問題とが混同された「音韻・語順言語学」であり、日本語の一部であって排斥できないはずの漢語を捨象している。

（1）（2）の「頭子音＋母音」という音節構造は、いうまでもなく、子音と母音が一体化した（と音素文字では分析できる）日本語の音節文字たる仮名が決定、固定したものであって、無文字時代のたとえば縄文語があったとして、この言葉が「頭子音＋母音」であったかどうかは疑わしい。

ソシュールは、文字は発音を綴るのだとしてたとえば、フランス語の「oi」の発音が、「oè」「wa」と変化してもなお「oi」と綴る落差をあくまで書字の誤謬や奇形ととらえて、次のように話す。

こうした奇形がいよいよひんぱんになり、無用の文字をますます発音しだすことも、ないことではない。パリではすでに sept femmes を、t をひびかせて言う。DARMESTETER は、vingt の末尾の二字さえ発音する日を予言した。これこそ正書法上の化け物なのに。

こうした音的奇形は、言語にぞくしはするが、ただ言語の本然の営みに由来するものではなくて、それとは無関係な要因によるものである。言語学はそれらを特殊の区画のなかで考察すべきである。それらは奇形学的事例なのだ。

（『一般言語学講義』）


さらに、書がなければ言《はなしことば》はいっそう速やかに変化するという考えを誤りだと斥けて、東プロシアとロシアの一部のリトアニア語が記録されたのは一五四〇年以降であるにもかかわらず、紀元前三世紀のラテン語におとらず、印欧語の姿を見せているともいう。だが、リトアニア語が書かれたのが十六世紀であるとしても、無文字言語とは異なり、すでに周囲の言語ともども文字化段階にあったのであり、文字化時代の発音の固定化の影響は回避しえないことを考察していない。

たとえば日本語の「蜻蛉《とんぼ》」の方言には、「トンボ、トンボー、ドンボ、ドンボー、トッポ、ドッポ、トンポ、ドンポ、トンバ、ドンバ、ドンブ、トンブ、ダンボ、タンボ、ダンブ、ダンブリ、タンブリ、バブ、バブタ、ボイ、アキズ、アケズ、アケージュー、ケージョー、アケシ、アケソ、アッケ、アケコ、アケーダ、エーダ、フェーダ、エンバ、エンブ、エンボ、ヘンブ、ヘンボ、シエンブ、シエンボ、ヤンマ、ヤンバ、ゲンザ、ゲンザッポー、ケンゾ」等があるとのことだが（徳川宗賢編『日本の方言地図』）、これらは、相当部分が文字化後の発音固定によって、さらなる変形を免れ、この程度にとどまっていると考えることができる。

この文字と発音の問題については日本の言語学者・鈴木孝夫の方が冷静に事実に即して解明している。その著『閉された言語・日本語の世界』で、文字も言語そのものであるという立場から、①文字が手がかりとなって、古い時代の発音が復活する（先祖返り型綴字発音）、②日本語固有の漢字の読み方を媒介にして起こる、「ツキサップ→月寒→ツキサム」などの例（突然変異型綴字発音）、③土井（ツチイ）晩翠が「ドイ」と呼ばれることから「ドイ」と改名される（交雑型綴字発音）などを例示しながら、綴字発音を言語の対象として考察している。文字が発音を決定する構造の記述はこれにとどまらない。

いかなる言語も、ひとたびなんらかの文字表記を持つようになり、そしてある程度の時が経つと、その言語は文字表記が原因で、それがなかった場合には考えられない具合に変化して行くものである。この意味で文字表記は単なる音声の代用品でもなく、また受動的でおとなしい容器でもない。文字と音声言語の間には密接な相互作用があり、文字は言語に喰込んでいくものなのである。

有文字言語は綴字発音となるが、無文字言語においては、発音は不確実なものである。たとえば日本国内であっても、地方に出かけた先で、単語が聞きとれないことがしばしばある。その時には、口真似をしてみて、通じるか否かで判断するしかない。たとえば、土地の人の発音をまねて「しやい」か「さい」「やい」か「わい」か不確かなままで発音してみるなどというのはよくあることだ。

さらに仮名について、鈴木は楳垣実『日英比較語学入門』（一九六一年、大修館書店）から以下のように重大な点を引用している。

日本語の音節は、そういう事情から、子音・母音と切り離して考えられない一体として感じられるのが普通で、日本で音節文字（仮名）が生れたことも、当然のことだが、またその仮名がこの感じをいっそう強めたことも否定出来ない。この因果関係は循環する。

この箇所はさらに拡張して、中国語とは一線を画する日本語の平板な発音は、ひらがなが生まれた後、ひらがなの綴字発音として生まれ、固定された結果であると考える方がよい。

子音と母音の一体化した音節発音成立の事情は、弧島の発音がもともと音節的発音であったというよりも、西欧アルファベットのごとく音素表記法＝音素を単位とする音韻認識を知りえなかった段階において、一語＝一音節からなる漢字を崩す（応用的に文字を創る）場合に、いっきに音素文字をつくりだす観念が生じず、音節を単位とする文字が生まれるしかなかったのである。この音節を単位とする仮名（ひらがな・カタカナ）の成立が、母音と子音の区別のない平板なひらがな発音の日本語を生むことになった。ちなみに、米国のニューヨークヤンキース時代の松井秀喜選手に呼びかける米人の音素発音は、ひらがな音節発音の「マツイ」ではなく、私には「ムウァツウィ（Muatswie）」と聞こえた。東アジアで一音節の漢字を崩して生まれる表音文字の第一段階は音節文字であり、ついでこの音節単位をさらに分解することによって――むろんそこには西欧アルファベットの音素表記法を知ったことがある――十五世紀半ばの朝鮮の音素ハングル文字は生まれた。東アジアでは、表語文字＝漢字（大陸）↓音節文字＝仮名（弧島）↓音素文字＝ハングル（朝鮮）が生まれるという過程を順にたどりながら、新しい文字は生まれたのである。

ここに、日本語と朝鮮語の発音上の大きな差が生じ、発音上の差が両語を必要以上に隔たった言語と感じさせることになった。ソシュールは綴字発音を「化け物」や「奇形」と呼ぶが、蔑称を付し、罵倒してみたところで、綴字は、その属性として、ひとつの言語の発音を根柢から変えてしまう。否《いな》、言《はなしことば》の発音は文字によって、初めて固定（したがって真の変化も）され、自覚的なものと化す。強い比喩を用いれば、無文字時代の言語には、有文字段階の我々が考える発音と呼ばれるような確定的なものは存在しないのである。

無文字時代の表現や表記の中から、舞踊や音楽的要素を消却して、いわゆる言葉だけを採り出してみても、そこには、文字によって音韻や正書発音に貶められた痩せた声ではなく、声の音程やアクセントなど音楽的要素が、文字化後の音韻や発声、発音とは比較にならぬまでにはるかに大きなウエイトを占め躍動していたことだろう。しかし文字化によって動的で豊かな声は去勢され、その代替物として、言葉の屈折形や活用形や助詞が生まれ、固定されるようになったと考えられる。

たとえば次のようなことも夢想できる。

もしも英語がひらがなのごとき音節文字表記となれば――実際の言《はなしことば》に構造化するまでは長い年月を要するであろうが――音節発音で表記された文《かきことば》と発音の相互浸透の積畳史はやがて英語の言《はなしことば》を日本語のごとき平板な音節発音と化すはずである。

もっともすでに母音と子音からなる音素という単位認識を世界的に有している現在においては、音節文字が音素文字へと解体することはあっても、新たな音節文字が生まれる可能性はまったくないだろうが。

本質的にいえば、有文字段階における発音は、文字によって決定づけられた綴字発音化をたどる。文字が生まれてからはその文字の性格が、発音を規定するのである。むろん逆の言い方も可能である。たとえば、現在の日本であっても、実際に各地方で話されている言《はなしことば》の発音は、平板な音節発音などではなく、閉鎖音も摩擦音、破裂音、はじき音、鼻音、半母音も入り交じった躍動的なものであり、聞きとれない言葉も多い。

日本での表音文字の成立がもう少し遅ければ音素文字が生まれ、日本語は音素発音的な、現在の朝鮮語のような発音であっただろうし、逆に朝鮮が東アジアでいち早く、十世紀頃に音節文字を開発していれば、朝鮮語は日本語のごとく、子音と母音の一体化した平板な音節発音の言語と化したことは容易に想定できる。ここから有文字段階のすべての言語の発音は綴字発音であると結論づけられるのである。

だとすればアルファベットから導き出された、言語の声を子音＋母音と考える単位は相対化されるべきである。

たとえば「雲」が「kumo」と発音されていると考えるのは、あくまで音を子音＋母音からなるとの観点からの便宜的な分析にすぎないのであって、たいてい日常は「u」を欠いて「kmo」と発音している。

また「雲」「くも」の発声は、さらに、微細に見ていけば、口辺筋肉の運動を伴う発声という行動にほかならないから、筋肉運動と声との中間的発声を含み、「kumo」という音素以下の「wuikwunmmwoaow」などと発音されているともいえる。

声明《しょうみょう》、朗詠、披講、小唄、端歌、都々逸《どどいつ》、謡曲、さらには、民謡、浪曲、艶歌と、日本語には、言葉を引き伸ばし、ゆさぶる不思議な声の芸がある。この音を引き伸ばし、ゆさぶり、うねる声は、アルファベットの「子音」や「母音」で写しとられるような単純な音ではなく、さらにそれ以下の単位が露出した音声である。声が母音と子音からなるとするのは便宜的なアルファベット的単位措定であり、実際には、テープレコーダーをゆっくり回したときの牛の啼き声のような発声、つまり声帯の微粒子的律動から成立しているのである。

このように、言葉の発音を母音＋子音とで認識する方法も、アルファベットによって固定されたものにすぎず、実際の発音は、音素以下、あるいは音節以上（合体化）の単位で成立しているのである。

母音数、子音数についても同じことがいえる。日本の奈良時代の母音数は八、平安時代に五母音に減ったという最近ではよく知られている説も、実際にそのように話されていたかどうかとは関わりがない。

通常の言《はなしことば》においては別段子音や母音を意識して発音しているわけではない。「あ・め・が・ふ・る」と明瞭に発音するのは小学生の朗読、あるいはラジオのアナウンサーくらいのものである。人間はひとかたまりの表現や表出を発するのであって、発音記号を朗唱するわけではないから、「あめがふる」は、

「あめが—る」

「あ―がふる」
「あめ―う」
「あむ―る」
「あめ―る」

とも聞こえるように、実際の発語の現場では、母音や子音に強弱と曖昧閾《いき》が発生する。発声というのはアナロジカルなものであるから、「a・i・u・e・o」が基盤とされている母音にも中間的な音はいくらもありうる。大まかにいって、口を丸く大きく開け（顎開広、声道中舌）て発した音が「a」であり、口を横に大きく開いた（顎開狭、声道前舌）が「i」であり、唇をすぼめて前に突き出した（顎開狭、声道中舌）発声が「u」であり、口を中間的に開き唇を半開にして口蓋《こうがい》の最前部からの（顎開中、声道前舌）発声が「e」であり、口を中間的に開き唇を丸め口蓋の最深部からの（顎開中、声道後舌）発音が「o」であるとはいえる。要は口の全開「a」と横全開の「i」と閉（u・o）と発音位置の前（i・e）、中（u・a）、後（o）で区切って表現＝認識しただけのことである。

アルチュール・ランボーがその詩「母音」の中で、「A黒、E白、I赤、U緑、O青、母音よ……」と詩《うた》ったように、十六母音といわれるフランス語も五母音といっても差しつかえなく、また、五母音と一応は枠をつくってみても、中間的な音がないわけではないから、朝鮮語のように十母音といっても、それは文字（ハングル）によって受けとめられているだけにすぎない。琉球・沖縄語は「エ・オ」を欠く「ア・イ・ウ」の三母音という乱暴な説さえある。したがって、世界の言語の母音数については、一応五母音での切り口が基準ではあるが、三母音で受けとめる言語も、十母音、二十母音で受けとめる言語もありうる。とはいえ、それは単に文字による受けとめ方にすぎず、別段もともとの言《はなしことば》の母音数が異なるわけではない、と総括できる。

このようなものであってみれば、奈良時代の日本語が別段八母音であったわけではなく、当時は八母音式で書きとめられ、また、平安中期の女手《おんなで》（ひらがな）誕生以降は、五母音で書きとめられ、それに応じて日本語の発音が平板な音節発音化を遂げ、もともとの中国語や朝鮮語に似た音から外《そ》れ、離れていったのである。もしも日本語がハングル式音素文字で書記されるようになれば、逆にもしも朝鮮語がひらがな式音節文字で書記されるようになれば、日本語は朝鮮語の発音に近づき、朝鮮語は日本語の発音に近づくだけのことである。

五　日本語は、大陸から来た

中国語は孤立語であり、日本語や朝鮮語は膠着語であるという分類から来る、現代の神話がある。それは、中国は日本や朝鮮とは異質であるとする説である。しかし、文字化以前の高句麗語と遼寧語とが全く違っているというのは無理があろうし、また朝鮮語が遼寧語とつながりがあるとすれば、山東語ともつながりがあると考える方が自然であろう。文字が生まれて後、中国語が生まれたのであり、無文字時代においては、つながりがあったと考える方が自然である。にもかかわらず、文字化後に生まれた違いを「古来から」と考えることによって、日本と中国との密接な関係をはなから除外する奇妙なドグマに陥っている。

事実はおそらく異なる。誤解をおそれずいえば、日本語は漢語（大陸生まれの文字言語）によって作られた。中国語も朝鮮語も越南語も同様である。しかし日本語は中国語のように漢語によってのみ尽くされた言語ではなく、漢語からはみ出す異和をカタカナやひらがなで目に見える形で定着した言語であり、朝鮮語と同様、膠着語の構造をもつ。ちなみに、現行日本語の漢語率は五四・九%、朝鮮語では五七・九%、越南語では七〇%（梅田博之、加藤栄）といわれる。

日本語とは、極東の弧島において、ある時代に生まれた言語である。日本語はどこから来たかを穿鑿《せんさく》するなら、語彙だけをとってみても、いうまでもなくその大半は漢語つまり中国大陸から来たのである。

日本語の起源については、村山七郎等のアルタイ・ツングース語説、安田徳太郎のヒマラヤ・レプチャ語説、大野晋のタミール語説、金沢庄三郎の朝鮮語同系説をはじめ北方、南方入り乱れてさまざまの説があり、中には田口卯吉の印欧語説まである。アルタイ語説が有力とはいえ、奇想天外な多種多説が入り乱れるところに、極端にいえばどのようにでもいえるこの語源論争の恣意性があり、漢語や中国語との関係に生まれた日本語であるにもかかわらず、中国をあえて回避してその語源発生地を探索する方法の不毛があり、また、文字＝綴字への考察を欠いた西欧型の音声言語的、音韻・語順言語学の誤謬がある。

むろん、これら先学が「原弧島語」を解き明かそうとする努力には敬意をはらう。だが、「原弧島語」とは「日本語以前」の世界である。日本語以前が、方言といえどもその影響を免れえず、たかだか千五百年にも満たない『古事記』や『万葉集』による文字化（漢字・漢語化）後の日本語の解析から解き明かせるとはとうてい思えない。どう考えてみても日本語以前の縄文語は、アイヌ語以前と琉球語以前、朝鮮語以前、中国語以前と近似していたはずである。

従来の日本語起源説が、オーストロネシアや南島や、タミール、ウラル・アルタイなどといって中国大陸をはなから回避することは、とても奇怪であり、また、これら起源論の不毛を物語っていて、可笑しくも馬鹿馬鹿しくもある。

少し観点を変える。計算機を用いた推計だからとうてい信憑できるとは思えないが、縄文時代末には七万五千八百人であった弧島人口（小山修三）が古墳時代末には五百四十万人、その間の渡来者数百五十万人（埴原和郎）とする興味深いデータがある。渡来者は、当然、半島および大陸から弧島に渡ってきた。この渡来人たちは何語を話したか？　大陸語や半島語であろう。彼等の言語はどこへ消えたか？　消えずに、日本語へと吸収されたはずである。また七万五千人程度の縄文人が単一の言語を用いていたとどう証明するのか？　当時、アイヌは何語を用い、弧島に何人いたのか？

これらを勘案した時、私には、十万年あるいは一万年単位で日本語があったとするのは夢物語であり、百歩譲って、たとえあったとしても、それが、『古事記』『日本書紀』や『万葉集』以降の言葉と同じであったと証明できるとは思えない。

タミール語説もウラル・アルタイ語説も、実は、排除することはできない、してはいけない大陸の言語との関わりをなぜか巧みに回避して成立する壮大な虚構《フィクション》である。既述のように文字化後の音韻や語順比較の音韻・語順言語学で言葉の謎が解けるとは思えない。いえることは、日本語とは、極東、東海の弧島において、漢語、漢詩、漢文と、その翻訳語たる和語、和歌、和文から成立した言語である、という事実である。

中国語も日本語も、もともとあった言語（たとえば文法）が現在もなおその構造のまま保存されているものではない。文字化後つまり歴史のどこかの時点で出来た言語なのだ。

日本語は、律令時代から本格的に整備が始まり、平安時代中期に生まれたと考えるしかない。それ以前の言語は、どこまでも日本語以前にとどまるのである。

六　日本語はどのように生まれたか

既述のように、中国文字の影響の及ばない時代の弧島に、いったいどのような言語があったかは、解らないし、結論づけようもない。

推定をたくましくしても、原アイヌ語的、原沖縄語的、原朝鮮語的、原沿海州語的、原福建語的、原山東語的というべきだろうが、原アイヌ語や原沖縄語、原東北弁のごとき原日本語が多数存在したとしかいえぬであろう。ちなみに、日本語成立後のアイヌ語が、日本語と異なった歴史をたどったことを思い浮かべる時、弧島の縄文語は単一の言語ではなかったと考える方が自然であろう。

紀元前二二〇年頃の秦の始皇帝の大陸と文字の統一による、大陸の古代宗教体系の崩壊（古代宗教文字である甲骨文、金文の終焉）と東アジア政治的統一体制の成立（政治文字篆《てん》書《しょ》〈秦字〉—隷書《れいしょ》〈漢字〉の成立）に伴って、東アジア全域に秦字⇒漢字・漢語が及び、周辺を照らし出すことになった。この影響の下に、日本は縄文時代から弥生時代に転じた。弥生時代とは、日本が東アジアの漢字文明圏内に編入されたことを指す。弥生時代とは、東アジアの文字化の文明圏内に入った時代である。

日本には、秦始皇帝の使者で方術士・徐福《じょふく》が三千人を率いて東海に向かったという伝説が各地に残る（おそらくこれは鎌倉期以降の伝説であろう）。また朝鮮の歴史書に記される、前四～三世紀の中国人流入を活写する箕子《きし》伝説、平壌で発見された秦戈《しんか》、朝鮮王・否の秦への服属、前一九五年、郎党一千人を集めて朝鮮に亡命した燕人・衛満《えいまん》による衛氏朝鮮の成立は、この東アジアにおける脱宗教政治時代の確立に呼応した現象である。

このような背景に、日本における無文字縄文から有文字弥生時代への展開、大量の大陸・半島人の弧島入りは起こった。

したがって、弧島の政治上層部は、漢詩、漢文、漢語を知りえていた。西暦五七年に漢委《かんのわの》奴国王《なのこくおう》が後漢光武帝より下賜されたことは、北九州地方の漢委奴国王が漢文にて上表書を書いたことを証す。西暦紀元頃に、弧島において、東アジアの冊封政治体制を知悉し、漢文による上表書を書きえたのである。むろんそのような中国語を駆使する漢語支配層は、少数ではあったかもしれぬが、政治的、文化的に強い影響力をもっていたことは間違いない。

この時代に、政治に関わりのない層がどのような言語を用いていたかは解らない。すでに統一的な縄文語が存在したとは思わないが、たとえ存在したとしても、弥生語とは大きな落差があったに違いない。また弥生語とて、どれだけ統一的であったかは不明である。

倭・百済軍の白村江《はくそんこう》の敗戦（六六三年）を機に、大陸からの独立による新たな律令国家・日本の建設運動が始まり、大陸の制度、学問、知識、文化の学習に自覚的に励むようになる。以後、奈良時代にかけて大きな変化がやってくる。それは、弧島時代から始まり、天平の大写経に至る写経運動によって、漢詩、漢文の識字層が圧倒的に増加し、国家形成意識も成熟し、国づくりの歌の『万葉集』、国づくりの神話と歴史の『古事記』『日本書紀』が書かれることになった。『日本書紀』はむろん漢文だが、『古事記』の一部と『万葉集』は万葉仮名で書かれた。それらの記述の中から本格的な日本語形成運動が始まり、ここに初めて日本語創成の第一歩が踏み出されたのである。

たしかに、『古事記』や『万葉集』には、漢詩、漢文とは異なった語順、語彙、表現が見られる。しかしそれは当時の弧島に「あった」それというよりも——たとえあったとしても——、新たに選び出され、定着され、つまり「新たに作られた」それである。むろん姿《かげ》も形もなかったわけではないが、倭語と倭詩（万葉歌）と倭文（古事記倭文）は八世紀に作られたのである。ちなみに、ここでの「倭」の用語は、漢語を裏側に貼りつけた平安時代中期以降の「和」（女手〈ひらがな〉の別名）以前の段階の弧島語を指す。

ところが、日本近代に始まる国語学や言語学は、漢語と漢詩と漢文との衝突とそれらをモデルにすることによって八世紀に（新たに）作られた倭語と倭詩と倭文を弧島にもともと「あった」と考える誤謬を犯している。つまり、現在日本の言語学は、本居宣長のやまとごころの思想と西欧音韻・語順言語学の麗しき結婚の上に成立しており、さらにこれに加えて「国語」概念への誤謬が複雑な学を生んでいる、といえるのである。

倭語と倭詩と倭文が、換言すれば、書きとどめられる以前に美しい古代倭語が「もともとあった」とするのが本居宣長的誤謬である。言《はなしことば》と文《かきことば》との間の巨大な落差と相互浸透関係を考慮に入れずに、両者を混同しつつ、音声・音韻と語順から言葉を理解しようと試みるのが、西欧言語学的誤謬である。

さらに、「国語」とは、東アジアの中心に漢語、漢詩、漢文が存在することを前提にした上で、大陸の皇帝の冊封体制下の国（地方）の語、いわば地方語という意味であったが、これを近代的な「国家語」と混同することによって、日本語の理解をさらにねじれさせている。

漢字に対する「国字」の呼称が、峠《とうげ》・裃《かみしも》・辻《つじ》・畑《はたけ》等、もともとの漢字ではない日本生まれの漢字を指しているように、「国語」とは、漢語、漢詩、漢文を回避した「訓語＝和語・訓歌＝和歌・訓文＝和文」の別名である。それゆえ、漢詩、漢文の盛んな時代を「国風暗黒時代」と不可解な名称で呼び、中世以降の日本語に大きな影響を与えた五山文学等は、国語や国文からは排除される。「国史」とは、弧島史の全体ではなく、中国や朝鮮の否応なき侵入を回避した、天皇を中心とした史学であり、「国学」は「漢学」を排除した「訓学＝和学」とならざるをえない。「国歌大観」とは「和歌大観」を指す。

そのような東アジア的定義のもとでの「国」が、近代国民国家の「国」と混同されたために、「和」＝もともとの日本、加えて、美しい日本などと誤謬の理解をもたらしている。「和」は、「漢」との関係に、「漢」をモデルに、これとの衝突（反撥も吸収も含めて）に生まれ（したがって本質的にいえば漢字・漢語によって作られた）共存する以外にありえぬ存在である、にもかかわらず、もともとあった（前段階はあったが、大きく飛躍している）とか、また、「訓＝和」のみにても立てるという誤解が生じるのである。

信じがたいと考える人は、たとえば「訓語＝和語」のみによる法律や政治を夢想してみればよい。現憲法がアメリカに作られたから不満だという人は、さらに拡張して、大陸語淵源の漢語を排し、「訓語＝和語」の日本国憲法を作ってみるといい。「ひのもとのくにののりののり（日本国憲法）」では憲法の体裁をなしえないことは明らかだろう。

七　女手の成立、日本語の成立

繰り返すが、日本語が十万年、一万年単位であったと考えるのは本居宣長的美しき誤解である。

どこの言語も例外はないが、日本語も歴史上のどこかの時点で生まれたのである。最近の学者は、日本語が近代以降に生まれたことを力説し、またその通りでもあるが、その場合においても音声中心的な考察の弊を脱していない。

さて、日本語は、『万葉集』や『古事記』『日本書紀』の奈良時代に体裁を整え、本格的に成立したのは女手（ひらがな）の成立時と考えるのが、もっとも妥当である。その理由はひらがな（女手）とカタカナがこの時代に完全に成立し、これに応じて女手文たる和文と女手歌たる和歌となによりも漢語（音）に対する和語（訓）を両者併せもつという二重複線の日本語の基本的構造が確立されたからである。

八　漢語・漢詩・漢文と和語・和歌・和文——二併の平安日本語

漢字とひらがなとカタカナの三つの文字からなる日本語は、漢字と仮名との、平安中期以降は漢語・漢詩・漢文と和語・和歌・和文つまり漢語と和語との二重複線の歴史をたどった。律令時代から平安初期までの、上層部は漢語・漢文を使用し（たとえば空海から最澄宛の手紙等は漢文）、下層部は前和語＝倭語による無文字段階の二層時代、平安中期から末までの二併時代、鎌倉、室町、安土桃山の二元＝二合時代、江戸の二融＝二分時代、そして近代の三元＝三合時代という歴史過程をたどっている。

平安時代中期以降は、歌合、詩合、詩歌合、絵合、貝合、そして『和漢朗詠集』などの「合《あわせ》」の時代であった。この「合」とは、漢字を媒介として漢語（音語）と和語（訓語）を合わせる二併性の象徴である。漢語と和語、つまり音と訓を背中併せに貼りつけた漢字＝日本文字（女手の書きぶりを忍び込ませ、もはや漢字とは思えぬ軟性の姿で現れた漢字）と、漢字・漢語の中に収めきれない意識の結晶、露岩体である女手、さらには漢詩・漢文を日本語として開く文字であるカタカナの三種類の文字が生まれ、二重複線言語たる日本語が姿を現した。和語（背後に漢語を裏打ちした訓語）成立以前の自然発生的な倭語の中には、平安中期以降の和語につながる語もあろうし、また漢語（音語）に対する的確な倭語がなく新造された和語もあることだろう。

日本語の特質を漢字と仮名文字に置くだけではむろん十分ではない。単語を並べたてるだけの孤立文（語）では済まない意識が、音声面のみならず、文法的にはみ出るのは、言語に普遍的であり、朝鮮語等、いわゆる膠着語の一般的な性質である。ひらがな（女手）は、カタカナやハングルとは異なり、漢語からはみ出す部分を定着せんとする文字（これはカタカナで足りる）ではなく、それ自体が語をなし、詩文をつくらんとする自立的指向性をもった野心的な文字である。それゆえ日本には二つの仮名文字があり、ひらがなは、語をなさんとして連続する姿をとどめている（「ぉ」型に象徴される）。つまり漢文、漢詩、漢語とは異なるもうひとつの文と詩と語をつくらんとするところに、カタカナやハングルとは異なった女手（ひらがな）の特異な性格がある。訓文、訓詩、訓語をつくらんとしたところが女手成立の意味である。誤解なきよう触れておけば、訓はむろんあくまで裏側にある漢字（音）を前提として存在している。

この音と訓の構造は女手（訓）表現の問題であり、必ずしも語の起源とは関わりがない。たとえば日本語においては「梅」の音は「バイ」、訓は「うめ」ということになっているが、「うめ」はもともと秦語か漢語の「メイ」に由来する。同様に、大陸語の「マ」に由来する「うま」もまた音「バ」の馬の訓語として存在しており、逆に訓語「はたらく」に生まれた「働」は、音語「ドウ」を生んでいる。もっとも「峠」や「笹《ささ》」など訓語しかもたぬ語も一部には存在する。

東アジア漢字文明圏の言語の劇《ドラマ》は、音だけを考察しても何も見えてはこない。女手は、漢字とともにありながら、漢語の翻訳語自体の体系的自立を生んだ文字なのである。このような二併性の二重複線言語は、女手が創成された平安中期に生まれたものである。この女手がその名称から女性の意識の表出の文と詩と語をもたらし、①性愛《エロス》の文学と、②四季讃美の歌と、女手の延長線上に派生的に生まれた仮名文字葦手《あしで》に象徴されるところの、③絵画的具象に関わる言語の豊穣という日本語の特質を生むことになったのである。

九　二元・二合の中世日本語

この二併性の安定を崩す事態が、大陸における蒙古族・元の成立を機として起こる、東アジア史、さらには世界史の誕生（岡田英弘）である。

元朝の成立を機に――朝鮮半島も元の支配下に入った――これを嫌う宋の知識人たちは日本に亡命し、大量の宋の言語と学問と知識が日本に流入した。それを象徴するのが、日本中世における臨済禅の勃興と鎌倉五山、京都五山、さらに林下禅院の成立である。ここに水圧の高い中国の宋語（宋時代の言語）が禅院を通じて日本に入り込み、またこの言葉が、親鸞《しんらん》や日蓮《にちれん》等の鎌倉新仏教によって、民衆の間近にもたらされ、かくて漢語が民衆の言語の中にまで入り込むことになった。

日本成立以前の、政治、文化的には漢や六朝時代の大陸の一部と考えられる時代、あるいは律令日本成立後の、日本の側から積極的に唐代の大陸に学んだゆるやかな結合時代とは異なり、大陸に生まれた元の政権は日本に従属を強要し、大陸からは多くの知識人が亡命した。この中世・鎌倉期に生じるのが、明解な彼（大陸）と我（日本）との違いの認識、日本語が漢語と和語から成るとの二元性の自覚である。中世に和漢混淆文が成立するが、この二合性は二元性の裏面であり、両者は矛盾しない。女手（ひらがな）成立の謎を解く鍵を握ると思われる菅原道真が中国の禅僧の下に参じたという「道真入唐」二元伝説が生まれたのもこの時代のことである。

二元性の意識は、国粋の観念も生む。十四世紀半ばの「大日本国は神国なり」とする北畠親房の『神皇正統記』もこの時期のことであり、おそらくこの頃、日本以前（倭）にも倭文字（神代《じんだい》文字）があったとする説も浮上する。むろん神代文字説は冗談のごとき説で問題とするに足りないものではあるが。

十　二融・二分の近世日本語

日本で生まれた漢字である国字（大陸を前提とした地方で生まれた漢字）は平安時代初期の『新撰字鏡』から見られるが、江戸時代の新井白石の『同文通考』では、俤《おもかげ》、働《はたらく》、凧《たこ》、凪《なぎ》、峠《とうげ》、椙《すぎ》、榊《さかき》、畑《はたけ》、畠《はたけ》、笹《ささ》、糀《こうじ》、辻《つじ》、込《こむ》、鰯《いわし》、鱈《たら》、麿《まろ》などが挙げられている。伴直方《ばんなおかた》『国字考』はさらに、雫《しずく》、颪《おろし》、鰹《かつお》、鯰《なまず》などを加えている。現在生きて使われているのは百字程度だが、千五百字以上の国字の例が見られる。訓の女手（ひらがな）が、それだけでは足らずに漢字を求めたのである。たいていは訓しかないが、「働」のように「ドウ」という音ももつに至った国字もある。

さらに、文字との関係は親密で、音訓入り交じった、音＋訓の重箱《じゆうばこ》よみ、訓＋音の湯桶《ゆとう》よみを通して、日本語は音と訓との馴染み合った日本語を形成した。

重箱よみ――楽屋《がくや》、雑木《ぞうき》、台所《だいどころ》、蜜蜂《みつばち》、楽書《らくがき》、御台場《おだいば》

湯桶よみ――相性《あいしよう》、大勢《おおぜい》、黒幕《くろまく》、荷物《にもつ》、身分《みぶん》、湯湯婆《ゆたんぽ》

ちなみに、音よみとは、呉音、唐音、宋音というように、もともとは、中国音であったと

しても、ひらがな音節発音で受けとめられた音はすでに日本語の音である。漢字が日本の文字であり、訓はもとより、音もまた日本語音であるという、いわば、思考の空隙を打つ発想から、部首・画数配列ではない、漢字学者・白川静《しらかわしずか》の音よみ五十音順配列の画期的な漢和字典『字通』は生まれている。

音と訓とのいわばねんごろな相融《そうゆう》、融合関係に近世の日本語は展開していった。これに呼応して、漢字の書きぶりは膠着性の女手の姿を野放図にし、女手はまた漢字の肥えた書きぶりを吸収して両者馴染み合った流儀書道の御家流の姿をとどめている。

しかしながら音と訓とがまったくその差を失ったわけではなく、その差はたえず日本語においては意識される。たとえば「かんがえる」と「シコウする」とは音は大きく異なっていても意味の上ではほぼ似通っている。その共通性は「考える」と「思考する」の「考」の文字を媒介することによって容易に理解できることである。

音、訓の二重性によって、政治と思想と宗教の抽象語は主として音語が担い、それ以外の、性愛と四季と具象的生活語は訓語が担い、両者が棲み分けている。そういえば、今西錦司の棲み分け理論は、音訓棲み分けの日本語がつくり上げた理論ともいえる。

しかしながら、音と訓とが相互に溶融した御家流の書きぶりのごとき近世日本語をもってしては、植民地化を狙う政治的、軍事的、経済的、宗教的な西欧語を受容、消化しこれと対等にふるまうことはできない。そこで音と訓の分離が必要になり、その音訓分離運動が、江戸末期に、尊皇か佐幕か、攘夷か開国かという政争に連なる、国学（ひらがな学）と儒学（漢字学）の分化と進展である。漢字から和語を切り離して、再び純粋な音語たる漢語へと戻し、かつての和語に代わって、漢字の背後に西欧語を貼りつけ、漢字と漢語を再生した。それが、幕末から近代初頭にかけての西欧語の翻訳運動である。

この運動を通して、西欧語の日本語化、あるいは、一部は東アジア語化が実現し、かくて、和語と漢語と西欧語（ひらがな語と漢字語とカタカナ語）からなる三元の三重三複線言語として近代日本語は誕生したのである。

純粋に言語の運動として近代日本史を考察すれば、この西欧語化した漢語の半島・大陸への還流的侵入が、半島や大陸東北部の植民地化であり、大陸侵略戦争である。これらには、大陸に生じた漢語が裏に西欧語を貼りつけて里帰りした一面がないわけではない。漢字の音訓、二重複線性を有《も》つのみならず、加えてカタカナもここに大きな役割を果たした。カタカナを音写字として用いることによって、消化不良のままであっても西欧語を宙吊りのままで「とりあえず」日本語の圏域にとどめ、西欧語を身近なものとして使いはじめたのである。

漢文、漢詩、漢語に加えて、女手（ひらがな）による和文、和歌、和語を有つこと、西欧語を直截に表記する音写文字・カタカナを有つことから、日本はいちはやく近代化を達成し、西欧列強による植民地化を免れた。しかし、その後百年以上を経ると、音写文字なき中国語も表音表意的、批判的に西欧語の理解と吸収を実現し、この頃から西欧文明の限界が見え始めたことと相俟って、底力をもった中国（語）の擡頭が見られる。こまごました最尖端部分では、今後も日本（語）は敏捷に対応しようが、東アジアにおいて日本（語）が、先駆的に領導する時代はもはや終焉したのである。

十一　漢語と和語の振子運動

いわゆる文法が異なろうと、表現という観点からは、世界の言語に大した違いがあるわけではない。ＳＯＶの構造といわれる日本語においても、幼児が「僕・行く・学校」というように、行動的用法では動詞が先に来るＳＶＯの例もしばしばある。

また、既述の例文に即していえば、日本語といえども、

あめがはげしくふるよ
あめがふるよはげしく
ふるよあめがはげしく
はげしくあめがふるよ
はげしくふるよあめが

いずれの構文も現実には成立する。文法学者は倒置や詩的表現と考えるかもしれないが、倒置や詩的表現なくして言語がありえようはずがない。

それだけではない。日本語は否定辞が文の後に来ることになっているが、

いやよ、行くの
だめ、行っては
ない、時計が

などの言い方は日常的である。

疑問文とて同様である。

ええっ、行く?
ほんと、行く?
どう、行く?

などの表現も場の記号表現も考慮に入れれば、疑問詞が前置するともいえよう。

言葉は人間の意識の表現や表出を担う全体的なものであるから、言葉にとって本質的なものは、音韻や語順などではなく、つまるところは語彙と文体である。世界の種々の言語の間に差があるとすれば、世界を切り取っていく切り取り方が集約する語彙と、また言葉の表出や表現は、歴史的に話され、書かれた文体を手がかりに開示されていくしかないから、それぞれの言語のもつ文体がどのように蓄積しているか、――いわば語彙と文体の違いにその因を求めることができる。

この観点からいえば、漢字とひらがなとカタカナの三つの文字からなる日本語は、漢字と仮名の、換言すれば、音と訓の二重複線性こそが最大の特徴にあげられる。

日本語で表出、表現しようとする者は、「隠《かく》す」と和語でいうか、「隠蔽《いんぺい》する」と漢語でいうか、「書く」で済ませるか、「執筆する」あるいは「筆写する」と厳密にいうかという、和漢両極の間の振子運動を、たえず強要される。音＝漢と、訓＝和の両極を日本語は揺れ続ける。加えて、いわば孤立語の詞を連発する構造に対する不完全感（異和）に生じた辞（助詞等）は、必ずしも文法学者が考えるほど確定的な差を宿すわけではなく、必要欠くべからざるというよりも、あくまで補助的位置と役割に終始するため、確定的な用法は定めがたい。「ぼくの夢見た島」「ぼくが夢見た島」のみならず、「島へ去る」「島に去る」「山と海」「山、海」などの助詞の差以上に前後関係をも含めた表出や表現の全体性の方がより大きな差をもたらす。日本語といえども、日常普段には多くの場合、「買った？　本」「本買った」

式に助詞なしで孤立語的に表現して済ませているため、改まって助詞を挿入すると間違うこともしばしばだ。それゆえ聞く方もそれを割り引いて聞き取っている。ちなみに、日本語といえども手話においては過半の助詞が省略されている！ このように辞たる助詞以上に詞たる語彙の和語と漢語、西欧カタカナ語の違いの方がより大きな表出、表現上の差をもたらすのである。

「美しい日本語」「正しい日本語」などと叫ぶ人たちがいるが、たとえば志賀直哉のようにフランス語公用語化論を主張せざるをえないほどこの二重複線言語性に倦み疲れた作家も出現するのである。志賀直哉がどれだけ深く日本語の構造を明らかにしたかは知らないが、私は志賀直哉の論を一笑に付すことはできない。しかし私は志賀直哉に与《くみ》する者でもない。むしろ私は、日本語がどのような言語であるかを明らかにすることによって、日本語の改善に向かう方が有効であり、また現実的であると考える点が志賀とは異なる。

日本語の政治的、思想的、宗教的、抽象的思考部分は漢語が担う。他方、和歌、和文、和語は、それを現実化する文字が女手（ひらがな）である。女手と呼び女性によって担われたこともあって、①和文の性愛（人間の四季）表現と、②『古今和歌集』に象徴される和歌の自然、四季（自然の性愛）讃美表現と、③屏風歌（その比喩が葦手）によって鍛えられた和語の具象的絵画的表現の語彙と文体に厚みを有してきた。これに、音訓両用の言語であるところから生じる同音異義を駆使する洒落の頻出もまた日本語表現の特異な性格としてつけ加えておいてよいだろう。女手は、漢詩、漢文、漢語で有効性をもつ政治的、思想的、宗教的、抽象的表現を回避して、その周辺部でその語彙と文体を豊穣、また過剰にしてきたのである。加えて、カタカナをもつことにより、西欧語を本質まで咀嚼して翻訳することなしに一時的に採り入れ、さらにこれを、リストラクション→リストラ、スマートフォン→スマホのように漢語連語風に三音、四音化することによって、その本質を矮小化し、薄めて、生活の身近に軽便に繰り込むという特質も有している。

このような日本語に対して、長期的視野でひとつの処方箋を描くとすれば、語彙数が多く、人類の発生から終末まではもとより、宇宙の誕生から終焉までを表現できる漢語・漢詩・漢文教育の本格的復活と、政治の枠をはみ出る微細な生活の周辺を表現しうる和歌・和文教育の強化と、同時代の全世界に対して開かれた近代詩・近代文教育の再興によって、漢語、和語、近現代語の語彙と文体とを豊かに繋らすことだとでも書くしかない。

人間そのものである言葉を、情報に、さらには単なるデータへと貶める、情報化という名の過剰通信化を、表現と教育と家庭生活から遠ざけ、仕事と棲み分けることが必要であると思われる。

むろん使用価値と交換価値の乖離《かいり》した商品に根本的な問題があるとしても、高度成長に至るまでの商品については、いずれ手に入れたいという欲求はあった。ところが、パソコンにせよ携帯電話にせよ、超現代商品は、自分も使いたくない、子供にも持たせたくないと思いつつ、いつの間にやら身近に侵入し、使用させられている商品である。そこに現代商品の厄介さはあるが、長い視野で考えれば、「必ずしも必要ではない」ものをそう長くは持ち続けることはなし、必要な場でのみ使われていくという棲み分けのスタイルが確立することだろう。「もはや後戻りはできない」という囁きも聞こえるが、泡沫《バブル》経済が永遠だったわけではなく、核とていつまでも世界中に拡散するわけではなく、どこかで歯止めはかかり、やがて廃絶へと進むことであろう。ドイツ等では原子力（核）発電は廃棄の方向に進んでいる。そういえばかつて誰もが巻いていたデジタル式腕時計はどこへ消えたのだろう？

　過剰通信化への歯止めを考慮に入れないで、学校や家庭の教育だけで日本語の語彙と文体が豊穣になるとは、私にはとうてい思われない。なぜなら日本語教育の主体は親や教師にのみあるのではなく、身辺のテレビやパソコン、インターネットや携帯電話の中に生きている日本語の語彙と文体が日常的に子供たちにひとつの基準を与え続けているからである。

　むろん、文字が廃絶されない限り、言《はなしことば》と文《かきことば》の乖離はなくなりはしない。しかし、言《はなしことば》と文《かきことば》が遠く離れていくよりは、近づくことが望ましい。とはいえ、言と文が一致すること自体が、そのまま望ましいことではないことは、言文一致度の高いインターネット文で明らかだ。現在インターネット上では、きわめて身辺的水準での言《はなしことば》の文《かきことば》化が進んでいる。そこに言文一致はあるといっても、語彙と文体は、はなはだしく見すぼらしい。言文一致が日常的な平易の方向に下降するのではなく、人類の理想と希望のために、難解なことでも話せるように引き上げられることの方を私は択ぶ。ペダンティックな語彙や文体は、現実をくぐりぬけることによって排除されるべきだが、言《はなしことば》が文《かきことば》のごとき厳密さと緻密さをもつ方向で日本語の言と文とが接近することが理想だと思われる。

第二章　日本語の書法

第一節　日本語の書字方向

一　縦書きと横書き

ことばにとって、縦にするか横にするかはたいへんなことである。

それなのに、いまの日本人は無神経に乱暴なことをして平気でいる。それでいて、先年来、日本語ブームとやらがおこったというから笑わせる。ろくにことばを考えたこともないような手合いのまきおこしたブームなら、実のあることは何もなくて、ただ風が吹いたから桶屋がもうかる程度で終ってしまうのが落ちである。

雑誌『英語青年』を編集した英文学の外山滋比古は一九八〇年、『ことばの姿』（芸術新聞社）という本の中で、日本語は縦書きすべし、という観点からこう書いている。書物や新聞が縦組みの一方で、国語を除く教科書や公文書、事務書類は横組み、とりわけワープロ、パソコンの浸透で横組み横書きはその度を進めている——これが一般的な日本語の姿である。いわゆる「日本語ブーム」の中、このような日本語生活の中でいったい何が起きているのだろうか。

普通に考えれば、縦に書くか、横に書くかは、書字方向を立てるか寝かすかのささいな違いにすぎない。読む立場からは、縦組みの「雨が降る」と横組みの「雨が降る」という文の間に違いはあるとしても、読みやすいか否か、読み慣れているかどうかという読み手の心理の問題にすぎないと考えるかもしれない。

だが、書く立場では異なる。文を書くことは、書きながら思考しつつ文を創ることであり、私のささやかな経験からいっても、書き手にとって、縦書きの思考と横書きの思考とでは、異なる文と文体をもたらす。たとえば縦書きの思考から「雨が降る」と生まれ、横書きからは「雨が降ってきた」というような異なる文が生まれる可能性を否定できない。インターネット上に出現した「いいね!」式の気楽な呼びかけの文体は、横表示式のしかも「書く」ことを失った気楽さに生じているのではないだろうか。

ワープロ作文と手書きとの違いについて、かつて『文學界』二〇〇〇年二月号に「文学は書字の運動である」と題して書いたことがある(『「書く」ということ』〈二〇〇二年、文春新書〉所収)。だが、それ以前に、縦書きと横書きとの違いについての理解が共有されれば、ワープロと手書きの違いなどはもはや説明するまでもないことになる。書の制作、また原稿執筆時の実感では、縦書きと横書きとでは表現がまったく異なっている。その違いの存在を広く共有することはできないだろうか。

そこで、まず私が教えている美術大学の学生諸君、二十七名を相手に実験してみることにした。四百字詰原稿用紙を二枚配り、まず最初の一枚に「私の人生について」という題で縦書きで作文を書いてもらう。制限時間は三十分。途中であっても手を止め、提出する。いささか重いテーマを選んだのは、現在の学生諸君の考えの一端でも知りたいと思ったからでもある。書き始めたとたん数人が携帯電話（電子辞書）を机の上に持ち出したので、「辞書は使わなくてもいい。ひらがなでも、文字が間違ってもいいから」と釘《くぎ》を刺した。

三十分後に、同じテーマで今度は横書きで書いてもらった。条件は第一回の縦書きと同じ。「同一文でも、少し違った内容になってもかまわない」と言い添えた。

二枚の実験作文を提出してもらった後、縦書きと横書きとではどう違ったかと質問を投げかけた。私は三分の二くらいが「別に変わらない」、三分の一くらいが「何か違うような気がする」、その中の二、三名が違いについて明快に感想をいうことになるのではないかと前もって予想していた。たとえ二、三人でも違いを知ればよく、提出された作文の文体、内容を分析すれば、縦書きと横書きの違いはおのずと明白になると考えていた。

ところが、私の予想はまったく裏切られ、二十七名の全員が、両者の違いに気づき、きわめて明快に、感想を述べたのである。

まず「書きやすい」という意見が、縦書き、横書きの、双方共に出てきた。横書きに馴染んだ世代であるにもかかわらず、意外にも縦書きの方が書きやすいという意見が多く、「書きやすさ」の理由をいろいろな観点から述べた。はっきりと「文体が変わる」と断言した学生もいる。

縦書きについては、「文字が次々と流れるように書ける」、そして「文がまとまりやすい」。つまり文がまとまりやすいという意味で、書きやすいと答えたのである。むろん逆に、「重い」「苦しい」「文が硬くなる」「文体が古くさくなる」という感想もあった。

横書きについては、意外にも否定的な意見が多かった。曰《いわ》く「箇条書きになる」「文が長くなる」「どこまでも書けそう」、そして圧倒的に多かったのは、「文がまとまらない」「文がしまらない」。つまり、横書きの「書きやすさ」は気軽に言葉が浮かび、話がどんどん広がっていくという点に限られた。

私の予想をはるかに裏切って、縦書きと横書きの違いを、二十七名の学生は体験し、理解していたのである。

かつて、学者や経営者の集まる昼食会で、縦書き、横書きの違いについて話したことがある。その違いを大人たちは、冗談もしくは比喩と受けとめて会場は笑いに包まれた。理解され難いだろうと考えていた私もそれにつられて笑いながら説明した。その場面《シーン》と大学の教室での場面の違いに私自身、驚いた。学者はともかく、作家までもが、ワープロで打とうが、手書きであろうが、文に変わりがあるはずがないと答える時代に、心理的にはともかく、縦書きと横書きで書かれた内容や文体が変わるなどという主張は、マニアックな妄想と一笑に付されるに違いない。だが、二十七名の学生諸君はその違いをはっきりと認識したのである。

結論的にいえば、縦書きつまり垂直書きは文がまとまりやすく、また重いのである。むろん横書き（水平書き）の場合にも紙面の書き手から遠い方が天、近い方が地となり、天から地への重力が働く。しかし横書きは、この天に対する戦略を欠いた、重力線を横断する書法であり、雨のごとくに降る重力線をひたすら突き切り、走り抜けるところの書字法である。このため、次々と話題は浮かびやすいが、ついつい筆が走り、まとまりを欠いた文とならざるをえない。

それなら、横書きの西欧文は、まとまりを欠くのかという反論があろう。アルファベットは東アジアの漢字のような文字ではなく、発音記号のごとき文字である。この構造の言語においては、書く以前の話す（内語）段階ですでにまとまりを有《も》っている。西欧語の場合は、書く以前の（垂直に）話す言葉の中に、すでに神を宿し、まとまり＝文体を有しているがゆえに、横書きであってもそのまとまりをふまえた文となり、書いている場面自体での対重力線戦略つまり創造と自省のウエイトは相対的に軽いのである。

現代の言語学はワープロ作文と手書きの間に表出、表現上の差が生じるなどとは夢にも考えないであろう。ましてや縦書きと横書きで言葉や文体が異なってくるなどとは認めないであろう。しかし、言語学者や作家が認めるか否かと事実とは、別段関わりがない。

学生たちのいうように、縦書きと横書きでは文体はもちろん、時には文の内容さえも変わる。だとすれば、敗戦後七十年にわたり、政府や企業は横書きを推進し、まとまりのない文や思想を生みつづけるという取り返しのつかないほど大きな文化的な誤りを犯してきた。もともとその因は末期的資本主義市場経済にあるとしても、ここ四半世紀の泡沫《バブル》経済と泡沫文化は、この天＝神への戦略・戦術、自省とまとまりを欠いた、横書きの企画書によって舞い上げられ、加速してきたのではないか。また、アメリカの泡沫経済化の因はキリスト教の神への信仰の著しい低下――、バベルの塔の神話を忘れ、「右の頬をぶたれたら左の頬を出せ」「復讐《ふくしゅう》するは我（神）に在り（人間は復讐するな！）」というキリスト教の神の言葉を見失っているにもかかわらず、神の名において九・一一事件に対して復讐するという、まとまりを欠いた話し言葉（内語）が、経済の暴走を食いとめられなくなったからではないか。

ひととおり、学生諸君の感想を聞いた後、解説を試み、このまま諸君等が横書きを続け、横組みパソコンに向かいつづけたら何が起こるかは明らかではないかと話を締めた時、徐々にこわばっていった学生諸君の顔は蒼白《そうはく》になり、教室内は声を失って凍りついた。

以下に縦横ほぼ同じ内容を書いたA、B両君の冒頭文例を縦書き、横書きの順に示す。縦書きと横書き間での文体変化を雄弁に物語っているからである。

学生A（女子）――改めて自分の人生を振り反《（ママ）》ってみると、時間が経つのと同時に二十年間生きてきたんだなぁと実感します。

今まで生きてきた私の20年間は、過ぎてみればあっという間で、でも考えてみると20年って長いなぁと思います。

学生B（女子）――自分の人生について考える時、どうしても人間の「生」の問題にぶち当たる。人間の存在する意味とは何か？　我々は、この地球に何の意味を持って生まれてきたのか？　そして、何を求め、何を獲得していかねばならないのか？　どうして宗教や思想の文化が必要なのか。

私の人生は、自分の存在する意味を見つけることです。

「生きる」ことは何でしょう？

なぜ私は今ここにいるのでしょう？

私が死ぬまでの間に何ができるのでしょう？

生きてゆく上で必要なものは何でしょう？

さらに以下は教育系大学の四人の学生の例を、縦書き、横書きの順で記す。いずれも冒頭の一節である。

学生C（男子）——私の人生において今まで2《（ママ）》つの大きな出合いがありました。

私の人生で一番重要なことは楽しみを持つということです。

学生D（女子）——私はこれからの人生についてとても悩んでいる。

私のこれまでの人生はけっこう幸せだったと思う。

学生E（女子）——今振り返ると大したことではないかもしれないが、これまで私の人生は順調であったと過信していた時期に、何も信じられず、何も手につかない事があった。

人生について振り返ると、私は今も甘えに甘えた人生を送っている。

学生F（女子）——まず、今、人生の約四分の一を生きて、これまでの私の人生は、親や周囲の人から多大なサポートを受け、生かされてきた人生であった。

最近、ブランド品を持つ人のことについて考えることがよくある。

このように、縦書きでは、歴史と世界とともに存在する「私」が、横書きでは、もっぱら共同性を失った「私」と化す傾向をもつ。

らない。

二　垂直書きは内に天を孕む

幾何学上は、縦線を九十度回転すれば、横線と化す。だが、現実の人間社会ではそうはならない。

空を突いて伸びるツインタワービルを九十度倒すと地を這うがごときペンタゴンと化すわけではない。事実、９・11事件で、ツインタワーは突っ込んだ航空機で全面崩壊したが、ペンタゴンでは一部が破壊されただけで済んでいる。

いったん文字が書かれようとしたとたん、一枚の紙切れは、もはやたんなる紙切れにとどまらず、書き手より遠方が天、近方が地となり、天から地に向かって重力のはたらくひとつの世界――我々が現実に生きて生活している世界と等価、同等の――、表現世界と化すからだ。文字の書かれた紙切れは、現実の世界から離れて独立した世界であり、紙を逆さにすれば下方が天（上）と化す。

つまり幾何学図形自体には、天（上）は生じないが、現実界や、それを写しとるところに生まれる世界表現としての書字や絵画の空間においては、天（上）が生まれる。それゆえ、書字における縦書きを垂直書き、横書きを水平書きと呼べば、縦書きと横書きの違いは歴然とする。

綴字においては、縦つまり垂直とは否応なく天を意識させられるベクトルである。天から地への重力がはたらき、この重力に、抗しつつも従う綴字法が垂直書きであり、このため

「聳える・立つ・伸びる・上昇する」、また「下降する」等の美質を内包することになる。

少し説明を加えれば、頭を上に向けた蜻蛉《とんぼ》の絵を描けば上昇を、逆に、頭を下に向けた蜻蛉の絵を描けば落下の姿と化す。

また、日本列島が上部に、大陸が下部に来るように日本地図を逆さにすると、突然、日本海が列島と半島と大陸に囲まれた中海のように見え、近代以前の日本の、大陸や半島との密接な関係が読みとれるようになる。これは、弧なりの列島が下降し、大陸に接近する重力のベクトルがはたらくからである。普段我々が見馴れている地図では、逆に列島が大陸から離れ、太平洋に下降するベクトルで認識されている。むろん、列島のみならず大陸にも下降のベクトルがはたらいているが、大陸は大きい→重い→動きにくいという錯覚がはたらくため、地図を普通に立てるか、逆立するかの差で、違った見え方が生じるのである。

さらに、もうひとつつけ加えよう。日本の流行歌では『北帰行』をはじめ「北へ帰ろう」と呼びかける歌が多く、『南帰行』という歌を創ったところで流行しそうにもない。その理由は、高度成長で東京へ出て来た東北民の心情を歌っているからではない。北は地図上の上つまり天と秘密の回路をもつ。「北へ帰ろう」は、天に向かう上昇のイメージを内に含み、再起を期すという暗黙の意味を宿す。「北帰行」には、都会での夢破れ、失意に打ちひしがれても、なお捲土重来を期すという向上の意味が匿《かく》されているのである。

近年、南島の島唄が流行したが、これは、泡沫的上昇に倦み疲れた下降願望、つまり、南

＝下方＝原点回帰指向の意識を基盤にしていると考えられる。

この意味で、日本の祖形を南島に見出す柳田国男等の説にも、南島＝下方＝出発点＝祖形という、重力空間の図像的錯覚も関与している可能性がある。もしも柳田国男が倒立した東アジアの地図を見続けていたなら、祖形を北海道やサハリン、千島などの北島、さらにはシベリアに見出す説を唱えたかもしれないという疑念も生じなくはない。あたかも冬の渡り鳥のように寒さを避けて、海流に乗り、島づたいに南（地図上は北）へ渡ったというような理由をつけて。

ところで、大陸に出現した漢字の祖形は亀の腹甲に文字を刻《ほ》り込んだ甲骨文である。亀の甲羅に天を写しとった場に生じた文字（書き言葉）は、天と宗教と神話と主語、そして国家と同時に生まれた。

天を写しとることによって、成立した垂直書きは、書法それ自体の内に天＝宗教を孕《はら》み、宗教性を帯びる。ここに「天地神明に誓って」という、他者への「信」が成立する原点がある。

縦書きでは、不断に天から地への重力を感じながら書き進まないではいられない。天から地へ降りそそぐ重力線を受け、これに従い、あるいはこれを持ち応え、押し戻しというような対重力線の戦略と戦術が必要となり、そこに書くことの重さが生じる。その重さは、単に書いている瞬間に限られた重さにとどまらず、書字史の積畳が呼び集められた歴史的な重さでもあり、そこには歴史的な文体、文例が出現する。その歴史的な語彙や文体とのスパークによって文が生まれ、歴史的重量を絶えず受感するところに、推敲と自省も生じてくる。

東アジアの言語は、垂直書きによるこの天の「信用保証」によってその信憑性が成立している。「あれは口がすべっただけ」「あれはたんなる口約束」と言《はなしことば》を打ち消すことはあっても、「あれは手がすべっただけ」「あれはたんなる文字約束」にすぎないといって文《かきことば》を反故にすることは基本的にはないのである。

さらに東アジアの文字＝書字史では、秦の始皇帝時代に、古代宗教国家の神話（文字学者・白川静の業績は、古代宗教文字である甲骨文や金文の原義を全面的に解読することを通じて、大陸の古代宗教神話の全面的解読を達成したことにある）に満ち溢れた宗教文字＝象形文字（字画成立以前の神話的図形表示である甲骨文や金文）から、その古代宗教的、図形的意味性を払拭し、世俗的な約束事からなる字画文字（俗に線と呼ぶ字画からなる政治文字。現在では実印に使われている篆書《てんしょ》体）へと換骨奪胎した。

この古代宗教文字から政治文字への転換は、世界史上の一大奇跡であり、書字中心言語地帯である東アジアと、声中心言語地帯である西欧との、言語構造の決定的な違いを造形した。

ここに、秦字を起点とする漢字によって統合された文明圏たる東アジアが生まれ、その東アジアにおいては、垂直書きが宗教を代替することによって、ユダヤ・キリスト・イスラム教圏から考えれば、無宗教の、文書主義の政治の地方として形成されることになった。天と地を結ぶ垂直線に衝突し、これを最大抵抗方向である直角に横断する方向が水平である。垂直が生まれると同時に水平が生まれる。天が生まれると同時に地の広がりが生じたのであって、地の広がりが先だったわけではない。天なくして地のみが存在することはありえず、超越的なる天への思考なくして、人間界の横のつながりも存在しないのである。

現在のアルファベットの祖であるエジプトの古代宗教文字は、「死者の書」に見られるように、もともとは垂直書き（刻）であった。それが発展の途上で水平書き（刻）に転じ、アルファベットはその綴字法を継承している。なにゆえ垂直書きが水平書きに転じたかについて、ここでは展開できないが、書字が宗教性を薄めることによって、文字の音写、発音記号化が進展し、同時に、宗教性は言《はなしことば》の側に吸着された（それゆえ、ユダヤ教、キリスト教、イスラム教がつくられた）ことだけに触れておく。

三　ひらがなとカタカナ

日本語とは、漢字とひらがなとカタカナを用いることを内在化している言語である。「Oh my God !」は英語であっても、「オー・マイ・ゴッド」と書けば日本語である。

漢字とは、文字通り、漢の時代の文字。前述の刻られる文字（秦字・篆書体）から、書かれる文字（漢字・隷書体）へと転位した文字である。ちなみに隷書体とは毛筆による書き姿をとどめた、現在の日本の紙幣に用いられている文字である。おそらくもともと多種多様であった（である）大陸諸語を漢字によって集約、統一することによって生まれた漢語（中国語）は、書字中心言語として組織され、再生産されている。中国語は語形変化や接辞のない単音節孤立語といわれているが、実は孤立語字たる漢字が大陸の孤立語の形態を形成したのであって、もともとあった無文字時代の大陸の諸語が、孤立語だったとは考えられない。

この単音節孤立字（一字、一音、一義）である漢字の基準の楷書体は、「永」字に象徴されるように一文字が中心点をもつ求心・遠心の造形構造を有している。しかし、日常の草卒な書体である草書《そうしょ》体においては、垂直書きに呼応して、次字に右上から左下へと結合する運動を内包した規範、たとえば「永」字では「」の姿と化すのである。

ひらがなともなれば、なおさらである。

もともと漢字の借用文字（音借、意借）に始まった日本の仮名文字には、漢字の楷書体や行書体をそのまま用いた真仮名《まがな》と、漢字の草書体を用いた草仮名《そうがな》の二種類があった。仮名が単に「仮字＝かりな」にすぎないなら、この真仮名や草仮名で十分に用は足りた。

ところが、不遜にも仮名詩（和歌）や仮名文（和文）自体が独立を目指し、九世紀末から十世紀初頭になると、この草仮名段階から、もはや漢字とのつながりがうかがい知れぬ段階にまで飛越した新しい仮名であるひらがな（女手《おんなで》）が生まれた。むろんそこには飛躍があるため、ひらがなの字形から元になった漢字をすべて類推することは困難である。

この飛躍の理由について、従来は、「より速く書くために省略が進んだ」というような説明でお茶を濁してきたが、それだけでは、女手成立以来千年以上を経た現在のひらがなが、成立時の女手の姿とほとんど変化していない理由は説明できない。草仮名段階からごく短期間に女手が生まれ、その後の字形はほとんど変化していないのである。

実際には、垂直書き（縦書き）において語彙を単位とする続け字・分かち書きへの指向に対応して生まれた文字が女手である。たとえば「人」を「比止」または「比と」と書いていた真仮名、草仮名段階からこの二つの文字を連続、一体化し、「ひと」と一綴りないし一字化せんとする指向に女手は生まれた。とはいえ、漢語（中国語）の一語単位の分かち書きに脅迫されて（それは現象的には一字単位で書いているように見える）、完全な続け字・分かち書き書法を成立させることはなかった。垂直書きの下で、この続け字・分かち書き化に進まんとした仮名が女手である。このため「あ・す・な・ち」の文字形に見られるように、女手＝ひらがなは上部にアンテナを立て、下部に手を伸ばした「あ」型に象徴される基本造形を有している。

他方カタカナは、「春山」を「春ノ山」、「春秋」を「春ト秋」とするように、垂直書きの漢詩や漢文の右傍に添え、これを開いて訓読文をつくる助辞の文字であり、「ノ・メ・ク・タ」や「サイタサイタサクラガサイタ」の各文字から共通に抽出されるように、右上から左下に向けて「ノ」型に打ち込まれる楔形《くさびがた》の造形構造を有している。もしも漢詩や漢文の左側に傍字を添える書法が定着していたならば、向きが逆の「＼」型の、また、もしも漢詩や漢文が水平書き（横書き）されていたならば、「／」型の造形構造のカタカナが生まれていたと想像することは容易である。このように日本語の文字である、漢字とひらがなとカタカナの造形はいずれも垂直書きの必然から生まれて、現在の形状をとどめている。したがって、これらの文字形は垂直書きによって不断に支えられているのであって、書法が変われば、いきおい字形は変貌する。垂直書きの結果として生まれた漢字、ひらがな、カタカナを日常的に水平書きする歴史が積み重なれば、当然に字形は変容せざるをえない。垂直書きから生まれた「へ」字は水平書きでは「／」もしくは「＼」と化すことは明らかだ。

四　戦後、字形は二度変容した

事実、水平書きに呼応して、少なくとも戦後において二度、字形は変容している。

第一は、一九七〇年代。少女たちが生み出したいわゆる「丸文字」＝「漫画文字」である。

「丸文字」は、①活字のように一字単位で独立し、文字がつながることがなく、②漢字と仮名の寸法がほぼ揃い、③漢字の角（肩）がとれて丸くなり、④ひらがなの回転部が半円形で描かれ、⑤点や濁点が字画と交叉する、という特徴をもつが、とりわけ④と⑤が特徴的である。

当時の大人たちに顰蹙を買ったこの「丸文字」出現の理由を、④と⑤の形状から考察すると、この「丸文字」が水平書き綴字法から生まれたことが明らかになる。

垂直書きの女手＝ひらがなにおいては下にある次の字につながろうとして、最終の回転部は「四分の三円形」の姿、「お」型で現れる。

しかし水平書きでは、書字方向のベクトルに従い、文字は左右に伸びる性向をもつから、やや扁平な姿と化し、また、回転部は、該当文字の収筆部から右に位置する次字に向けて右上へつながろうとして、途中で切り上げられ、「半円形」の「お」型のひらがな造形が出現する。

さらに、水平書きにおいては、横への書字ベクトルが縦のベクトルにまさるため、点や濁点は、右へ遠く離れた位置に打たれようとする。そうなると一字としての求心力を失い、次字との関係がまぎらわしくなるため、「か」や「ず」のごとき形で点や濁点が交叉する規範を新たにつくりあげざるをえない。このように、丸文字の産みの親は戦後の水平書きであると推察される。

ひらがなは女手という名称で、女性によって育まれた（現在のいわゆる仮名書道〈女手書道〉や手紙書道が、もっぱら中年女性によって支えられていることを想起せよ）。現代の少女たちは伝統的書字史とのしがらみを持たないため、少女たちの手から水平書きの特性が、あからさまに露出したのである。

ただちには信じられないという人は試みに「あすのおつとめは」と水平書きしてみればよい。速く何度か書き続ければ間違いなく「丸文字風」の文字の姿が発現してくるはずである。

第二は一九八〇年代半ばから現在。直線的な字画を寄せ集めたイラスト風の細身の「シャープ文字」の誕生である。かつて、マーケティング情報誌『アクロス』が「長体ヘタウマ文字」と名づけたこの文字もまた「丸文字」の次なる世代の少女たちが生み出した女手である。

この文字が出現する基盤は、歴史的なそれから逸脱したおかしな筆記具の持ち方にある。①人差し指の上に親指を載せ、②また逆に人差し指の下に親指をもぐり込ませ、③さらに人差し指と中指の上に親指を載せて筆記具を握り、手の甲や手首を支点に筆記具を動かす。その異様な筆記具の持ち方、使い方が、日本では小学生から若者に至るまでとっくに過半を超え、三分の二に及んでいる。この醜く、不自由な筆記具の持ち方、使い方に「シャープ文字」は生じている。試みに筆記具を垂直に立てて握り、手首を支点に筆記具を動かして、文字を水平書きすれば、縦画が垂直で長い細身の「シャープ文字」に似た姿が生まれてくる。

一九八〇年代半ば、「ライジング・サン」「ジャパン・アズ・ナンバー・ワン」などと経済大国を謳歌していた時代に、この筆記具すら持てない（箸も持てない）という異様な事態は進行していた。皮肉をいえば、親や教師たちは、自らはゴルフのクラブの握りを必死でインストラクターから教わりながら、子供たちにそれ以上に大切な、箸の持ち方（食べ方すなわち肉体の生き方）や鉛筆の持ち方（言葉の書き方すなわち精神の生き方）を教えることを忘れていたのである。

この鉛筆を垂直に立てて握る、奇妙な持ち方が定着した理由として、鉛筆やペンに代わる筆記具――垂直に立てなければ、芯の折れるシャープペンシルやインクがスムーズに紙に定着しないボールペンやミリペン――の使用によって、筆記具を立てる必要性が、「握る」ことを強要し始めたと考えることもできよう。たしかに、それらも一要因ではある。

だが、なぜ、あの子供っぽくはあっても快活な「丸文字」が、冷えびえとした直線的で縦長のイラスト風「シャープ文字」と化したのだろうか。

「丸文字」と「シャープ文字」との間には一見したところつながりはないかのごとくだが、実は見事な脈絡がある。七〇年代の「丸文字」を八〇年代の少女たちはさらに前に進めんとした。だが、これを前に進めるならば、その姿は垂直書きによって守られたひらがなの規範の閾値《いきち》を超え始める（これは必ずしもそれを実際に試みた字例があるというわけではなく、無自覚の意識がはたらいているということだ）。水平書きに、より合目的的に対応して、「あすの」は丸文字「あすの」段階を超えてたとえば「あすの」という具合に、アルファベットのごとく、文字の末尾が「γ」や「ℓ」や「Y」型へと崩れていかざるをえない。「す」が「お」や「む」と、また「め」は「ぬ」と区別がつかぬまでに変容し始めるのである。

この事態を引き受けてさらに前に進むためには、「す・お・め・ぬ」などのまぎらわしい文字の規範は変更しなければならない。だが、そこまでの傲慢なエネルギーを持ち合わせない八〇年代の少女たちは、この規範逸脱→規範変更に突き進もうとする水平書きにブレーキをかけ始めた。垂直書きによってではなく、ぎこちなく、不自由に筆記具を「握る」ことによって、筆記具の滑らかな水平書きの動きを妨げ、ブレーキをかけんとした。そこに縦長で直線的で無機質なイラスト風「シャープ文字」は生まれ、「丸文字」時代は終焉した。さらには、ワープロやパソコンに飛びつき、書くことからの逃亡も始まったのである。

日本語を今後も水平書きし続けるなら、漢字もひらがなもカタカナも、とりわけ続け字・分かち書き用の女手（ひらがな）は、規範を新しくつくり変えねばならない。そこまでする必要はないと考えるなら、日本語において垂直書きを取り戻す必要がある。現在不断に見かけるぎこちない文字の姿はそれを訴え続けている。

さて、最後に、水平書きの進展が、日本語に何をもたらしているかについて触れないわけにはいかない。

繰り返すが、学生たちは、垂直書きは「重い、苦しい、だがまとまる」といい、水平書きは「どんどん書けるが、散漫に終わる」と整理した。

なぜ重く、苦しいか？　それは天から地への垂直の重力ベクトルに抗いつつ、従わざるをえないからである。

書きつつある渦中にあって、重力すなわち天の声を聞きつつこれに従い、また大それたことに、天に反逆を企てるように書く――、垂直書きのこの自省的書法が重く、苦しいのである。だが、この過程をしのぎ切って詩や文の完成に至れば、そこには詩や文が「聳《そび》え・立ち」また、立ち姿たる「たたずまい」すなわち「美」を宿すことになる。垂直書きは建築のごとき天の力学に包囲されているのである。

他方、水平書きにおいても、天から地へ重力は雨のように降り注いでいる。しかし、この場合は、重力線の雨の中を駆け出し、走り抜く、決意と勇気と力さえあれば詩や文は前進して、結末に至る。書き終えての美学は、「たたずまい」ではなく、どれほど遠くまで来たか、その軌跡と到達点である。だとすれば、資本主義的高度成長と水平書きとは、見事な対応を見せているとも考えられよう。

横に書く水平書法は、その書法自体の中に、天＝宗教性＝自省を孕むことはない。この場合には、前もって文字という肉体をもつ以前の内語自体が天を孕み、「天地神明に誓って」という「信」を含み込む必要がある。アルファベット＝音写文字＝発音記号の言語社会に、神（天）を頂くユダヤ教、キリスト教、イスラム教の宗教が生き続ける理由は、ここにある。

対して、書字の中に天を孕む東アジア垂直書き漢字文明圏の言《はなしことば》には天は宿らず、「信」によって裏打ちされない「おしゃべり」が横行する。東アジアにおいては、垂直書きされた文《かきことば》あるいはこれに裏打ちされた言《はなしことば》以外は信用するに足らぬということにもなるのである。

五　友人の告別式での体験

たとえば、友人の告別式で、ある如実な体験をしたことがある。いくつかの弔辞の中で、心に沁みた弔辞は、書き上げた弔辞を読み上げたものの中の二、三であり、その場で話された弔辞には、記憶に残るものはなかった（むろん推敲度も関係していようが、推敲を強いるのもまた、天との関係にほかならない）。

天に向かって垂直に話し、水平に書く西欧と異なり、天に対して垂直に書き、水平に話す東アジアにおいては、垂直書きを失えば、宗教なき、天なき、信なき文《かきことば》や言《はなしことば》の氾濫を招く事態に至る。

したがって、いまだ国家や政治を始末できないでいる段階においては、書くことが必要である。それも垂直に書くことが。

戦後官公庁の文書が横書きと化す中でも、書物は現在もなお縦組みのままである意味を深く嚙みしめ、今ここで考え直し、立て直して行く方がよいのではないか。コンピュータの導入によって、新聞にも横組みが侵入しているが、傷の浅い内に縦組みに戻す方がいいだろう。数式の多い数学や物理、化学は横組みでよいとしても、生物や地学、社会科の教科書は縦組みに戻すべきであろう。

仔細は略するが、本格的な書史は、象徴的にいえば、東晋代・王羲之《おうぎし》の手紙に始まった。その書字の要《かなめ》たる手紙が、パソコン導入以来、横書き化を進め、形体、文体等に著しい混乱を招いている。

たとえば形体。封筒を横に使うなら、欧米のように左上に小さく社名を入れればよいものを、左下、右下、真ん中下とばらばら、おかげで横長の封筒の左上に切手を貼る例さえしばしば見られるようになった。

また、たとえば文体。手許に届いたワープロの手紙——縦組みはよいのだが、冒頭「石川九楊先生」に始まり、改行して「盛夏の候……」には驚いた。英文横組み手紙の Dear Mr.…の文体では冒頭は最上部であるから理にかなっており、「〇〇さん」と話しかける文体とも整合性がある。しかし、東アジアの文体では相手名は敬して最後の左上部に置くのがやはりいいのではないか。むろん変わらないことは言葉がエネルギーを失った証《あかし》でもあり、新しい語彙や文体が生まれ、言葉や文体が変化していくのはいい。とはいえ、現在の手紙をはじめとする日本文と日本語の混乱は行き過ぎている。公信は横組みで残るとしても、せめて、私信では縦書きをとり戻し、スタイルを安定させるのがいい。

書物や新聞が厳に垂直組みを残していることと、国家や官の習字軽視や無視の中で、広汎な女性と子供たちが習字つまり書くことを支えたことが、戦後日本の民衆の二つの文化的抵抗であった。無自覚の意識と力に支えられ続けているこの二つの文化的事実に深く思考の根を下ろすところから日本語と日本文化の、ひいては日本経済の再建は始まる。

第二節　日本語の文字

日本語というのは、漢字とひらがなとカタカナの三種類の文字を用いる、世界にも特異な言語である。

文字は言葉であるから、漢詩・漢文の文脈にのみ存在する漢字は中国文字にすぎないが、これに和訓が重なり、二重複線化した漢字、さらに漢字仮名交じりの文体の中で用いられる漢字は、もはや中国文字ではなく、日本文字である。事実、文字の書きぶり（書体）上にもその姿を見せる。それが、いわゆる和様漢字である。

小野道風（八九四〜九六六年）の「智証大師《ちしょうだいし》諡号勅書《しごうちょくしょ》」「屏風土代《びょうぶどだい》」を嚆矢《こうし》として、藤原行成（九七二〜一〇二七年）の「白楽天詩巻《はくらくてんしかん》」など、いわゆる三蹟の書は、中国の楷書体の三折《さんせつ》法「トン・スー・トン」がくずされて「ズー・スー・グー」と「〜」字を横に倒したような基本書法で「〜」型に横画が書かれる。なだらかな浮沈による肥痩をもつその姿は、中国を敬して自らを控えるくずしの伝統をふまえ、漢字の書きぶりの中に女手（ひらがな）の書法が流入したことによって生まれたもので、たとえ字画構成は同一であっても書きぶりまでを含めて考えれば、この文字は中国漢字とは異なり、すでに独立した日本漢字、日本文字である。切り込みや突き込みの弱い穏やかな筆蝕《ひっしょく》からなる日本漢字は、中国の楷書体のダイヤモンド形の鋭い字界（文字枠）とは若干異なり、方形の穏やかな字界を見せている。

この日本漢字のいわゆる和様の書法は、三蹟時代に始まり、江戸末期まで、九百年以上連綿と継続し、日本書史の中央を貫通している。その書きぶり上の変化の少なさには驚くばかりであるが、その変化のなさは、中国起源の音（音語）とこれとの関係に生まれた和訓（訓語）とを二重複線化した日本漢字が必然的に纏わざるをえない姿であるからである。

流儀書道（流儀様）とは、一般的には、秘儀化した書法を代々伝えることであるが、また「流儀様」という言葉で括られる具体的な書風の概念もある。それは、三蹟流の漢字をベースにした漢字仮名交じり書法を意味する。

「流儀様」の漢字の基本書字構造は三蹟風の「〳〵」字型であるが、書線の基調を太くし、またその肥瘦を拡大した。これとつり合いがとれるまでに仮名文字は太くし、また肥瘦を拡大した。後鳥羽上皇（一一八〇〜一二三九年）あたりの書（たとえば「熊野懐紙」）を嚆矢として、尊円《そんえん》親王（一二九八〜一三五六年）あたりから流儀が意識され、江戸時代の御家流に至って、完全な姿を見せる。中国の書を射程に入れて考えた場合、うねうね、くねくねした書きぶりは、お世辞にも美しいとはいい難いが、他面、漢字とひらがながうまく溶け合った見事な書体であることには違いない。

流儀書道としては、御家流の他に空海（七七四～八三五年）を始祖と考える、起筆、終筆、はね、はらいなどに雑体書的表現を盛り込み、奇怪さを増幅した大師流、また藤原定家を祖とする定家流などがある。定家流は、京都などの老舗の菓子屋の看板に現在でも見かけることができる。

江戸時代の儒学者たちの中国風の書を唐様《からよう》というが、この場合においても、日本的な（女手〈ひらがな〉書法の侵入した）淡白さ（和臭）は避けられない。

墨蹟とは、中国では書の別名であるが、日本では禅僧の書、さらに狭くは臨済宗禅僧の書を指すが、中世の禅院が有していた儒学等の政治的な権力を剝奪され、もっぱら仏教的な空間へと追いやられた近世禅僧の書は、日本的に特異な表現をもたらすことになった。僧は太く、黒々とした文字で禅語を書くというイメージは、ここに生まれたのである。白隠《はくいん》（一六八五～一七六八年）の書は極限まで太く、慈雲《じうん》（一七一八～一八〇四年）の書はかすれの極限の表現を見せるが、この種の表現は、中国にはまったく確認されない日本独特の書である。

朝鮮・韓国語が漢字とハングルで成立するように、日本語も漢字カタカナ交じりか、漢字ひらがな交じり文かいずれか一方でよかったようなものだが、そうはならずに、カタカナとひらがなの二種類の「表音文字」が誕生し、生きつづけている。それは日本語が漢文・漢詩翻訳体と和文・和歌のひらがな文体との二つの文体の二重複線状態にあることを証している。また、その二つの文体の存在が、漢語＝音語と、和語＝訓語の二重複線性を再生産してもいる。

　カタカナとひらがなとは、元になった漢字の字母が同じである場合においてさえ、異なった構造からなっている。たとえば、カタカナの「ウ」は、漢字「宇」の「宀《うかんむり》」から生まれ、ひらがなの「う」は、「宇」の草書体をさらにくずして生まれた。「くずし」は、楷書に象徴される中国（漢詩・漢文・漢字）を崇敬し、弧島生まれの語や文や歌についてはへりくだりの意識と行動をもって対するその投影である。カタカナは漢字の一部略記、ひらがなは、漢字の草書体のくずしに生まれたには違いないが、それらの字姿（書きぶり・筆蝕）を指でなぞってやると、もう一段深く、それぞれ異なった構造原理に出会う。

　カタカナが直線的、鋭角的であることは一目見れば明らかだが、それだけではない。「ア・イ・ウ・オ・カ・ク・ケ・サ・ス・ソ・タ・チ・ツ・テ・ナ・ヌ・ネ・ノ・ハ・フ・ホ・メ・ラ・リ・ル・ワ・ヲ」など過半の文字が、右上から左下へ向かう左はらい「ノ」の姿を含んでいる。一部に短い「ノ」の書きぶりを含む文字が、「セ・ヒ・マ・ム・ヰ・ヱ」。この「ノ」とは左右が逆転し、左上から右下への「↘」の力線《ベクトル》をもつ字が「キ・ト・ヘ・ミ・ヤ」。さらに「ノ」の対極にある左下から右上へ向かう「↗」の力線をもつのが、「シ・レ・ン」。「ノ」やその対偶、対極の表現をなんら含まぬ文字といえば、「エ・コ・ニ・モ・ユ・ヨ・ロ」（母音「o」の文字に多いことに注意されたい）のわずか七字。二割にも満たない。

書字とはベクトル（力と方向）であるから、このようなカタカナの字姿から、カタカナは「ノ」の力によって生まれ、生きつづけているらしいという推測がつく。象徴的には、カタカナとは漢文に添えられる「ノ」なのだ。

他方、曲線的、回転的であるひらがなは、カタカナとは違った力から成っている。

ここでひらがなの造形の特徴を記せば、

①中国の漢字の典型である楷書体が左右対称、等間隔の垂直の美学に成立しているのに対して、ひらがなはひとつとして左右対称の文字がない。

②「い」「り」「は」「ほ」などは、左側（漢字の偏《へん》）と右側（漢字の旁《つくり》）の中間に空間をとる「くずれ二項対立」構成である。

③「し」「り」は縦長、「つ」「や」は横長というように、字界（文字枠）が極端に異なる文字が存在するこの構造は、英文筆記体の文字幅の狭い i, l 、文字幅の広い m, w と似ている。

④漢字とは異なり、連続筆記体であるため、「お」型（上にアンテナを立て、下に次字とつながる）を文字の基本象徴（シンボル）とする。

ひらがなの書きぶりの傾向を導き出すと、文字の上部については、「あ・お・き・け・さ・す・せ・た・ち・な・は・ま・む・も・を」など多数の文字において、横筆の上に縦筆や斜筆がアンテナのようにはみ出す姿が確認される。「か・と・ぬ・ね・み・め・や・ゆ・れ・わ」などの書法もその変形と考えてよいだろう。過半の文字の上部に、象徴的に描けば「十」の書法が認められるのだ。

また、文字の下部については、「あ・お・す・ち・つ・な・ぬ・の・は・ほ・ま・み・む・め・よ・ら・る・ろ・わ・ゐ」など回転する書きぶりが多く、「い・う・し・や・り」などにはこれに類する開放的な姿が見られる。

上部は「十」、下部は「の」、両者の結合した「ぉ」がひらがなを象徴する書きぶり（筆蝕）。つまり上部にアンテナを聳え立たせ、下部で次字につながろうと手を伸ばすのがひらがなの姿であると総括することができる。

カタカナは「ノ」、ひらがなは「ぉ」。これらの姿は、象徴的にカタカナとひらがなという二つの「表音文字」の発生と本質の違いを打ち明けている。

＊

「ノ」とは、世界や対象の壁に対して、角度をもって打ち込み、これに裂け目や割れ目をつくって砕き、開く力動の喩形象《ゆけいしょう》である。

平城宮跡から「訴苦在牟逃天□夜壱時牟不怠而大尓念訴……」と書かれた木簡が出土している。小さく書かれた「牟・天・而・尓」はいずれも漢字の宛字・仮字《かな》であり、カタカナの原形であり、「訴苦在モ逃テ□夜壱時モ不怠テ大ニ念訴……」と書かれているのである。

つまり、カタカナとは、「子ノ曰ク、学ビ而時ニ習フレ之ヲ、不二亦悦シカラ一乎」に見られるような、漢文を訓読するための文字である。固く厚い壁のような漢詩や漢文に穿《う》ち込み、これに裂け目を入れてこじ開けて訓読の日本語をつくるための文字、それがカタカナであり、それゆえ、カタカナは、角度をもって打ち込む力「ノ」の楔形の姿を共通にもっている。もしも左側に添える書法が成立していたならば、「ノ」字の左右を反転した「＼」型の書体に収斂したものと思われる。またカタカナの象徴「ノ」は漢文訓読のための返り点「レ」と対偶関係にある。

漢詩・漢文を開くための文字である「片《ひとりだちできない》」仮名は、あくまで漢詩・漢文の存在を前提とした、それへの補助文字であるため、ついには、正書法もたぬまま現在に至り、かつての電報文以外では用いられず、もっぱら外来語表記に限定して使われている。

対して、ひらがなの「十」＋「の」、つまり「お」の姿は、かな文創成の秘密を証す。

一字がひとつの意味をもった一語として完結する漢字は、一文字の中に中心を宿し、構成要素を求心し、遠心する立体的構造をもつ。その姿は「永」字に象徴されている。「永」字には、すべての漢字に応用される八つの書法（側《そく》〈点〉、勒《ろく》〈長い横画〉、弩《ど》〈縦画〉、趯《てき》

〈はね〉、策《さく》〈短い横画〉、掠《りゃく》〈長い左はらい〉、啄《たく》〈短い左はらい〉、磔《たく》〈右はらい〉が含まれているという「永字八法」の習字学習法が成立するのは、このためである。「永」字は、抽象化すれば、「米」字に、さらに横画と縦画と左はらいと右はらいからなる「木」字に、そして縦画と横画とその交点からなる「十」字に象徴される。

ひらがなの上部にしばしば出現する「十」は、ひらがなが漢字から生まれた文字にほかならないことを証す出自証明書である。むろんそれだけではなく、既述のように、「十」は、上部にアンテナを立てた姿でもある。なぜひらがなは上部にアンテナを立てるのか。

ひらがなは、真仮名↓草仮名↓ひらがな（女手）という過程をたどって生まれた。真仮名とは、楷書体（というより行書体。楷書体は漢詩・漢文にのみ用いられた）の漢字を借りた宛字。草仮名とは草書体の漢字を借りた宛字。それが飛躍的に姿を変え、もはや漢字とも思えぬ姿と化した文字が、ひらがな（女手）である。

従来、草仮名がさらにくずされてひらがなが生まれたとされ、その理由も、速く書くために簡便化したというような説明に終始している。だが、速く書くため簡便化したというのであれば、九世紀末から十世紀初頭に誕生し、十一世紀初頭に完成したひらがな（女手）は、その後もさらに簡略化した姿と化してもよかったであろうに、現在に至るまでのこの一千年間ほとんど変化していない。なぜか。草仮名からひらがなの間に一大飛躍があったからである。ひらがなは、単音節孤立語である漢詩・漢文の、原稿用紙の枡目を埋めるような、一字

＝一語を単位とする分かち書き、つまり文字をずらずらと羅列するだけの書式の不合理を超えようとして生まれた文字であるからである。

単音節孤立語（字）の漢語「雨降」は「雨・降」と書かれればよい。これをまねて、仮字《かな》文字成立後も長く真仮名や草仮名で、たとえば、「安・女・加・不・留」と一字単位で切って書かれていた。しかし、文字は書字であり、書字は言葉であるから、「安女・加・不留」と英語のように語を単位とする分かち書きへの指向が働きはじめる。そこに、草仮名の閾値を超えるひらがな（女手）が生まれ、同時に、文字と文字との連続である連綿が生まれた。

連綿とは、書道家の考えるような、見た目の美的工夫などではない。印刷文の英語の「It rains.」は筆記体では字姿が変わり、「I・t」や「r・a・i・n・s」はそれぞれ連綿連続して「It rains」と書かれる。

漢文式に文字を羅列することを超えて、語を単位として分かち書きせんとする場に生まれた、草仮名の筆記体がひらがな（女手）であり、女手は連綿と同時に生まれたのである。むろん、漢文式文字羅列書法の重圧の下、ひらがな分かち書きは、十全に発展し、定着することはなかったが、書字の底流には、その強い指向が存在し続けたのである。

「人」や「一」の「ひと」、「事」の「こと」などの常套語においては、連綿で結合するだけではなく、一筆に二重の意味を重ねた掛筆《かけひつ》によって一字化せんとする姿さえ確認される。つけ加えれば、女手誕生の鍵を握るこの掛筆が、一字に二重の意味を重ねた掛字（一般にこれは一字脱落と考えられている)を、さらには『古今和歌集』の代表的表現法である掛詞、掛歌をもたらしたのである。

ひらがな上部の「十」は前字を捕捉《キャッチ》せんと伸ばしたアンテナであり、「の」は次字と結ばんと伸ばした手である。ひらがな(女手)は、かな文創成の苦心の中から生まれた文字であり、その形状は見事にその事実を打ちあけている。

さらに女手とともに生まれた仮名書体のひとつ「葦手《あしで》」についても、はっきりとつけ加えておくべきであろう。書体としての成熟を遂げるまでには至らなかったが、ひらがな(女手)の変態として、文字の一部が葦の葉のような姿に転じたり、また絵の中に判じ文のように文字がかくされた「葦手」が生まれた。これはおそらく、平安時代に、絵を和歌に変える屛風歌による絵⇅和歌⇅漢詩という三者相互翻訳訓練の中から生じたものと思われる。

ひらがな(女手)が生まれた十世紀初頭に『古今和歌集』、次いで『後撰和歌集』『拾遺和歌集』と、三代集が十一世紀初頭には成立、同じ頃、中国漢詩、日本漢詩、和歌からなる『和漢朗詠集』も生まれている。物語では、『伊勢物語』『大和物語』から『源氏物語』、日記では『土佐日記』『蜻蛉日記』『紫式部日記』、そして随筆『枕草子』。いずれも、これらは、十世紀初頭のひらがな(女手)の誕生から、十一世紀初頭のひらがな(女手)の完成とともに生まれた文学であり、それはひらがな(女手)が拡張し、姿を変えて生まれた文学にほかならない。

なにげなく書いているひらがなやカタカナ、その背後にひそむ書の劇《ドラマ》。同様にひとりひとりの文字の書きぶりの背後にもさまざまな劇《ドラマ》がひそむ。書字の劇《ドラマ》は文の劇《ドラマ》であり、言葉の劇《ドラマ》でもある。

言篇
<small>はなしことば</small>

第一講　日本語とはなにか

日本語の文字の三つの象徴

今日お話しする内容は、「日本語とはなにか」「日本語とはどういう言語か」についてです。

まず結論からいえば、日本語の文字は「⊠」「ぉ」「ノ」という書法上三つの象徴をもち、日本語はそれらの複合体であるということになります。

「⊠」は、漢字がどのような構造でできているかを象徴的に表したものです。まず垂直方向の縦画があり、それに直交する水平方向の横画がある。さらに、それを四十五度に切断する斜めの画がある。漢字の外形は正確には「◈」、ダイヤモンド型に収斂するというべきなのですが、ここではひとまず正方形であるとします。漢字はその正方形の中心に向かって求心的に働くベクトルと、中心から遠心的に働くベクトルをもつ構造をそなえています。

漢字は一字一字が意味をもっているので、それぞれが独立しています。独立し、中心をもち、求心し遠心するベクトルの構造をもつ漢字——その漢字によってつくられる漢語、その漢語から組み立てられる漢詩・漢文、それらの基本的なシンボルイメージは、「⊠」であると考えることができます。

次の「お」はひらがなのシンボルです。ひらがなは基本的にこういう姿をしているといえば、その核心を捉えることができます。

それではカタカナはどうでしょうか。カタカナは「ノ」を象徴とする斜めの楔形《くさびがた》のベクトルで書かれているということになります。

文字はあくまで筆順を辿って一点一画書いていくものですから、たんなる平板な造形ではありません。どういう筆順で書くか、どのような構造と力から成り立っているか。そのように見てゆくと、日本語は右のような三つの象徴をもつ文字からなる複合体であると指摘できます。

日本語とは、世界でも稀有な言語だといっていいと思います。もちろんそれは、優れているとか劣っているとかに、ただちに結びつくものではありませんが、要するに、漢字とひらがなとカタカナの三種類もの文字を使って成り立つ稀有の言葉だということです。

日本語の特徴については、さまざまな指摘の仕方があります。しかし根本的には、漢字とひらがなとカタカナを使うという点に集約される。この点を踏まえて考えてゆけば、日本語とはどういう言語か、その言葉によって支えられている日本の文化はどのような姿をしているのか、どういう特徴をもっているのかということが、非常にわかりやすくなるのではないかと思います。

二種類の仮名文字——ひらがなとカタカナ

朝鮮語はハングルと漢字の二つの文字を使います。ところが日本語には、仮名文字が二種類あります。なぜ仮名文字が二つも必要なのでしょうか。一つあれば十分だと思いませんか。

ではひらがなとカタカナとは、何が違うのか。それは、この二つの文字がどのような姿をしているかを分析すればわかります。どのような姿をしているかとは、どのように書かれつづけてきたかということです。なぜそのように書かれつづけてきたか、それは書かれ方の中に現れています。

ひらがなのシンボルは、先に話しましたように「お」です。上にアンテナを立て、下は円運動で結ばれてゆくかたちをしています。たとえば「あ」字の末尾は、円形に回転していきます。「す」も「の」も同様に、次の字に繋がろうとするかのように回転しながら手を伸ばしています。すなわちひらがなは、単独ではなく連合することによって、一つの言葉、単語をつくるのです。実際に毛筆を手に執られる方はご存じだと思いますが、代表的な例として「ひと」という字があります。これは「ひ」と「と」が一緒になっている「人《ひと》」ないし「一《ひと》」という字です。

ひらがなは、このように音節文字が連合することによって一つの語をなし、文章をなそうとします。したがって、たとえば「ひ」と「と」が分かれて書かれているあいだは、本当の意味での和文や和歌はつくられません。「比」「止」という漢字から姿を変えて生まれたひらがなをただ並べるだけではなく「ひと」と、あるいは「こと」なら「こと」と、それらが滑らかに繋がってゆくかたちとなって言葉をなすのです。英語で man を *m a n* と分けて書くのではなく筆記体では *man* と繋げて書くのと同じ構造がそこにはあります。語として結合することによって、文あるいは歌をなしてゆく構造をもった仮名文字がひらがなです。そして、このひらがなが女手《おんなで》と呼ばれたことが重要です。

朝鮮のハングルも「女手」という意味の別称をもっています。その中に女手＝ひらがなの秘密があります。結論からいえば、大陸の漢字・漢語・漢文・漢詩は「男」に喩えられる。それに対して、こちらの国——東アジア漢字文明圏に共通する「国」というのは、大陸中央に対する地方という意味です。——でできた文字・語・文・詩を「女」に喩えるという構造が、東アジア漢字文明圏の周辺国には一貫して存在するのです。

そしてもうひとつ——これがハングルと違うところですが——、日本にはカタカナがあります。かつてカタカナを習われた方は、まず「ノ・メ・ク・タ」から習い始めました。これらの文字は例外なく右上から左下へ向かう斜めのベクトルをもつ「ノ」のかたちを象徴としています。たとえば「春眠《シュンミン》」とあれば、二つの文字の間の右脇にピュッと「ノ」を打ち込むと「春《はる》ノ眠《ねむり》」となります。つまり漢文・漢詩・漢語を開いて、いわゆる漢文訓読体をつくる役目を担っているのです。

これは実に明快なもので、「ア・イ・ウ・エ・オ」からずっと点検してみると、よくわかります。「ア」は第一筆にも小さな払いがありますが、第二筆に「ノ」があります。「イ」は第一筆にあります。それから「ウ」も、最後のところがそうです。「エ」はあてはまりませんが、それでも「ヱ」となると第一筆に出てくる。「オ」も最終の左払いがそうなっています。例外もありますが、カタカナはその多くが、右上から左下へと力を放つ姿をしています。

中国の文字は基本的に一字が一語ですから、一語ずつガチッと完結した姿で並んでいます。そこに楔を打ち込むことによって、その漢文を開いて日本文に変えるのです。カタカナがこういう本質的な構造をもっていることは、その姿からよくわかります。

このように、漢文を開いて日本語に変えるカタカナと、音節文字が繋がることによって一つの文章と詩、つまり和文・和歌をつくっていくひらがなとの、二種類の仮名がこの国に生まれ、使われつづけているのです。

日本語の本質的規定

今日お話しすることは、この書法の違いにはじまって、ここに帰ってくることになります。それはあまりにもわかりやすくて、拍子抜けされるかもしれませんが、真実とは単純で明快なものです。込み入ったものを腑分けしてゆくと、非常に単純明快な構造が現れます。こうして、漢字は「⊠」、ひらがなは「ぉ」、カタカナは「ノ」という姿を象徴的に描くことができます。

たとえばカタカナの場合、漢文の右側に文字を添えて開いたから「ノ」のかたちになっていますが、もし左側に添えればどういうかたちになっていたかというと、「＼」の姿になるに決まっています。それでは横書きにして、漢文が横に並んだところに上から割り込んでいったとしたらどうなるかというと、おそらく「｜」のような姿に、漢字が簡略化されてカタカナができていったと思います。そういうベクトルをもつ文字に変わっていったであろうことは、容易に想像がつきます。

繰り返しますが、日本語はどういう言語かといえば、漢字とひらがなとカタカナの三種類の文字をもつ言語だということが、いちばん本質的な規定であると考えます。三種類の文字をもつ言語が世界に類例を見ないことからいえば、日本語は非常に特異な言語です。ただしそのことは、先ほどもお話ししたように、優れたことでも劣ったことでもなく、メリットとデメリットの両方をもたらすことがあると、少し注意深く考えておいた方がいいと思います。よく「美しい日本語」という言葉を耳にしますが、漢字とひらがなとカタカナの三つの文字が混在して使われるのですから、整合的な美しさに乏しく、「日本語が美しい」とはとてもいえないはずです。

日本文化論を再生産する力と「美しき日本幻想」

さて、少しずつ本題に入っていきたいと思います。

この三種類の文字を使うという日本語の特異性が、「日本文化論」を不断に再生産してきました。

これに関連する非常に重大な問題として、平成十二年（二〇〇〇）に、当時の森喜朗首相の「神の国」発言と石原慎太郎都知事の「三国人」発言がありました。

たとえば森首相の場合、これにつづく一連の発言や言動がマスコミで叩かれ、翌年の退陣に至ったのですが、それを政治的に云々するのではなく、文化の問題として考えていくと、新聞も雑誌も、言論界は本当の意味でこの発言を批判しきれていなかったと思います。森首相は論理的に負けたわけではありませんから、退陣する必要はなかったのです。

むしろ私がここで問題にしたいのは、彼と共通する意識を、われわれがひそかにもっているのではないかということです。それは、漢字・ひらがな・カタカナという三種類の文字を使う日本語は特殊な言語であるという、漠然とした自意識に由来するものです。

その森喜朗首相が訪米して、アメリカの子供たちが日本語を学んでいる学校を見学した際に、彼らに「日本語は難しいでしょう」と訊くのです。そうすると子供たちが「イージー」と答える。首相は「そんなはずはない。『座る』といっても、『お座りください』というのもあれば、『座んなさい』というのもある、いろんな言い方があるのだから、そんなにやさしいはずはない」という意味のことを言って、少々むきになるのです。そこにあるのは、漢字とひらがなとカタカナからなる日本語は、ほかの言葉とは違うのだという自意識で、私はこれを自分自身の問題として引き寄せて考え、笑ってすませるわけにはいきませんでした。

石原慎太郎都知事の「三国人」発言にしても同様です。日本人が日本語の特異性を根本的に把握し、本当の意味で相対化できなければ、またぞろ同じような主張に回帰してしまうおそれがあります。

なぜ森首相は子供相手にむきになったのか。やはり「日本語はほかの国の言葉とは違う」「日本語は難しい」といってほしかったのです。これが延《ひ》いては「日本はほかの国とは違う。中国とも違う、朝鮮とも違う」といいたがる理由です。こうした意識は、日本語が三種類の文字をもつことに由来すると明確に把握することができれば、本当の意味で無用な区別や優劣感を相対化できるだろうと思います。

ユダヤ教、キリスト教、あるいはイスラム教の国々の人が、ほかの民族や信者と接触した場合、彼らが感じる異和感は、自分たちが神によって選ばれているという選民意識から来ています。

ところが日本の場合は、ほかの言語や文化と接触したり衝突した際に、また異なった意味で「何か違うな」とつねに意識させられる。その異和感が、日本を「神の国」とする妄想を生む原因ではないかと思います。

それをもう少し延長すると、漢字とひらがな、つまり漢と和の二重性を、われわれはいつも意識させられていることになります。言葉を使っているときに、「漢」で話しているのか、「和」で話しているのかを、自覚することなく意識させられているという構造にあります。

たとえば「春風」には、「はるかぜ」と「シュンプウ」の二通りの読みがあります。しかも「はるかぜ」と「シュンプウ」では、微妙なニュアンスの差が生じます。

春吹く風には違いないけれども、「はるかぜ」というと、暖かい感じで、気持ちよさが身近に伝わってくるような印象をもつのに対して、「シュンプウ」というと、もう少し強く吹いてくる風を連想します。同じ「春風」を、「はるかぜ」というか「シュンプウ」というかで、異なる印象が生じることは、ニュアンスに対する過敏をもたらします。したがって、肯定的に評価すれば「繊細」ということになり、否定的にいえば「過剰」「煩雑」な意識をもたらすことに繋がります。

「外国人」という言い方は、日本語に特徴的であるとよくいわれます。西欧では、アメリカ人、フランス人、ドイツ人、イタリア人というふうに細かく使い分けますが、日本人はたいてい「外国人」ですませてしまいます。

その「外国人」が指すものは何かというと、これが奇妙です。日本語では、カタカナで記される国の人たちを「外国人」というのです。中国人、朝鮮人、彼らは近代的な概念からいえば当然「外国人」なのですが、われわれが日常的に使っている日本語では、漢字で書かれることの多い中国や朝鮮・韓国の人を「外国人」というと、異和感が残ります。そこに「三国人」などという妄言が飛び出す土壌があります。

かつては「三国一の花嫁」という表現があり、この場合の「三国」は、インドと中国と日本を指していました。しかし石原元東京都知事が「三国人」といったときの「三国」が、何を指しているのかはよくわかりません。同じ「漢字文明圏」の、日本人ではない「外国人」を、かつて「三国人」と呼称して差別したという歴史的事実があるのですが、それが生まれてくる土壌はやはり、「外国人」が「カタカナ人」であるというところにあると思います。アメリカ、フランス、ドイツ、イタリア、スペイン、あるいは中東諸国、さらにインドの人々なども「外国人」ということですんなりと行きますが、中国人、あるいは朝鮮人、台湾人となると、そうではないようです。同じような顔をしていて、同じように漢字を使う、「漢字文明圏」という共通性から、「外国人」というには異和感があるという意識があって、こういう呼称が出てくるのだろうと思います。

いずれにしても、この内外意識、日本は特異な国であるという意識は、われわれが使う言葉に内在していて、絶えずわれわれを強迫しています。それが、「美《うるわ》しき日本《やまと》幻想」に結び付きます。すなわち、漢字は外来のものであり、この弧島にはもともと倭語というものがあった、そこにさかしらな漢字が大陸から流入してきて、うるわしい倭語を濁らせた、だから倭語だけを繋いでゆけば、うるわしいものになるはずだと。

あまり単純化してしまうと、本居宣長《もとおりのりなが》に怒られるかもしれませんが、そういう考え方が、「美しき日本」がかつて存在したという幻想を生んでゆくことになるのです。

こうした幻想には根強いものがあります。その一つに、ある時期から盛んになった縄文文化讃美があります。そうした讃美の根っこには、「美しき日本幻想」があります。あるいはまた、日本人は古代史好きで、卑弥呼《ひみこ》論争、邪馬《やま》台国《たいこく》論争などは、いまだに議論がつづいていますが、私にいわせてもらえば、そうした論争よりも、金印をもらった「漢委奴国王《かんのわのなのこくおう》」がいったい誰であったのか、こちらを懸命に穿鑿《せんさく》した方が、よほど日本古代史の解明のうえでは実りがあるのではないかと思います。

なるほど外から来たというのはわかりやすい説明です。そこから、漢字は外来のものであり、ひらがなは在来、本来的なものであるという誤れる認識が生まれます。漢字は中国語ではなく、日本文化を支えている日本語そのものであるにもかかわらず。この誤謬と錯覚のうえに、「さかしらな漢意《からごころ》」、「うるわしき倭意《やまとごころ》」の二分別意識が、近代日本の知識の基本的枠組みを形成しています。

日本語はある時期に生まれた言語である

しかし、日本語は「東海の弧島で、ある時期に生まれた言語」です。もちろんそれ以前にも、いろいろな前日本語があったはずですが、少なくとも日本語という言い方をするとすれば、日本が姿を現したのは七世紀の半ば、白村江《はくそんこう》の敗戦（六六三年）以降ですから、それ以降の言語という定義付けをしなければなりません。そして「漢字＝漢語＝漢意《からごころ》は排除できず、分離できない日本語の一部である」というしかないと思います。

たとえば「春」という漢字の音は「シュン」。これは中国語の発音がこの弧島で訛《なま》ったものです。それに対して、弧島にはこれを指すさまざまな言葉がある。その中から、どれを宛てるのがいちばんいいかと取捨選択する。それが確定して、ここに「はる」という和語が成立したのです。日本語は、「春」に「シュン」と「はる」が貼り付いた二重の姿で成り立っている。この全体が日本語であって、一方を排除してしまって日本語になるかといえば、そうはなりません。

和語以前の倭の諸語には、多様な言葉がありました。この弧島にはアイヌもいました。地域によってさまざまな言い方がある中で、いずれかが選ばれて当て嵌《は》められ、やがてそれが固定してきたものが和語ですから、あくまで漢字があり、その音があって、それに対応する訓語として和語がつくられたのです。もともとこの弧島のどこかに存在していたものを当て嵌めたというケースの方が多いのでしょうが、どうしてもうまいものが見つからない場合には、新たにつくって当て嵌めた。そういうことを経て和語はつくられてきたのです。

日本語としての和語は、あくまで漢字を前提として、音語に対応する訓語として生まれてきたものですから、その和語の中に、漢字と音は構造的に組み込まれています。つまり「はる」という和語には、「春」という文字と「シュン」という音がピタッと貼り付いていて初めて「はる」であって、漢字と音を抜いた「はる」というものがあったというようなことは考えられないし、そういう抽象化は不可能だろうと思います。

日本語以前の古代倭語として、かりに「はる」という語が畿内にあったとしても、それは「春」とも、「晴る」とも、「張る」とも、「墾る」とも必ずしも明確に区分できない、「一面に伸び広がり、ふくれる」感覚を基盤とした漠たる広がりをもつ語彙であり表現であって、春夏秋冬の区切りとしての「はる」は、「春《シュン》」という漢字・漢語に対応させることによって生まれたと考えられます。

中国の「蜘蛛《チシュ》」に対して、いまは「くも」と呼びますが、前日本語時代に「くも」という語彙が、弧島の統一語ではなかっただろうことは、現在もなお方言として、「グモ、クボ、クボメ、グボ、コブ、コーブ、クブ、クー、クーブ、クーバー、ヤマクー、キボ、ケーボ、ヒブガシ、マンクブ、テンゴメ、ヤンカイ」（佐藤亮一監修『方言の地図帳』参照）などが残っていることからも容易に想像されます。

「蝶《ちょう》」はどうでしょう。方言には「アマビラ、アヤハベル、カーブリ、カカベ、カッポ、ケトナ、タケロ、タベラ、チュチュマンゴ、チョーチョマンゴ、チョーリ、テガラ、テコナ、テブラ、テラコ、ハベル、ベッコ、ベットー」（倉持保男編『標準語で引く　方言小辞典』参照）などが現存していますが、あまり文学的素材ではなかったようで、訓語をうまくつくることができず、音語を「てふ」と表記することで和語に代用させています。それどころか、『荘子《そうし》』の「胡蝶の夢」の影響があまりに大きかったためでしょう、「ゆめみどり、ゆめみむし」などの和語さえつくられています。蝶を「とり」と呼んだり「むし」と呼んだりするように、「むし」と「とり」も、「虫《チユウ》」や「鳥《チヨウ》」の訓語として区分けされたと考えられます。

「親中国」「排中国」意識の構造

この三種類の文字を使う日本語は、非常に面白いいたずらをします。それは中国に対するとてつもない親愛の情を抱かせる一方で、また逆に、中国を排除する意識を生じさせるのです。

日本語の起源を探究する学者の考え方を見れば一目瞭然です。日本語の起源というと、インドのタミールであるとか、アルタイ・ツングースであるとか、あるいは朝鮮半島に向かいます。そうすると真ん中のところにミステリーゾーンができる――実はそれが中国です。ツングースへ行ったり、インドの方へ行ってみたり、あるいは朝鮮の方へは行くけれども、日本語が中国語起源という人はいない。

それはなぜかというと、中国語は単音節孤立語で、一つの音が一つの意味を表す言葉であるから違うと考えるのです。ほんとうは、単音節孤立語は言葉の構造ではなく、たんに文字つまり漢字の構造をいっているだけです。一字が一つの意味をもっているということをいっているにすぎないのです。

それに対して、朝鮮とか日本あるいはツングースの言葉だと、意味をもつ語（詞）があると、その語に付属的な語（辞）をくっつけて繋げていきます。たとえば「山に登る」というように、「山」という単語と「登る」という単語があって、「に」を入れて文をつくっていくわけです。いわゆる詞辞論でいう「辞」、つまり助詞のようなものが、「詞」つまり単語を支える構造にあるのです。一方、単音節孤立語は、単語、単語、単語と全部単語で繋がれていく。単語を羅列していくのです。

中国人が日本に来て、初めて覚えた日本語を話しているのを聴くと、単音節孤立語ふうにしゃべっているのがよくわかります。助詞が足りないのです。たとえば「私は行ってもいいですよ」が、「私　行く　よろし」というような言い方になってしまうのです。かつてはこれを真似して、差別的に戯画化することが見受けられました。これは単語を並べていくという中国語の特性から来ています。

朝鮮やツングースといったアルタイ系の言語は、日本語と同じような構造をしているということで、これらを膠着語《こうちゃく》、ニカワでくっつけたような構造をした言語だと呼んでいますが、この意味は、さきにカタカナについてお話ししたことを頭に入れて考えてみると、非常によくわかります。つまり単語があって、象徴的にいえば、そこに「ノ」を入れると膠着語になる。中国の周辺の言葉になるのです。

この「ノ」は、異和感といってもいいと思います。単語だけで投げつけても、だいたいの意味はわかります。しかしそれではどうしてもいいきれない異和感が残り、そういうものが文字になって現れてくる。それがカタカナであったり、ハングルであったりするのです。

なぜ日本語の起源と主張されている言葉の地図で、真ん中の中国が空白になるのか。それは中国語は単音節孤立語で、その周辺の言葉は膠着語なのだから、言葉の構造が全然違うと、はなから除外するからです。そうではないと思います。この問題を考えるときに、中国はヨーロッパに匹敵する広がりをもつと考えればどうでしょうか。

中国は何によって一つの国でありうるのか。中国には北京語もあれば広東語もあり、客家《ハッカ》語もあれば福建語もあるというふうに、現在もなおおのおの言葉は違っています。会話で通じないほどの違いです。福建の人が会話をしているのを聴いても、北京の人にはわからないのです。どうするかというと、筆談すればわかるのです。

ということは何を意味しているかというと、この大陸においては、もともとはヨーロッパと同じように、あるいは日本もそうであるように、いくつもの言葉があったのです。ところが強力な漢字＝漢語によって余剰の部分、つまりいまいった異和感、これはロゴスに対するエロスといってもいいと思うのですが、そのエロスの部分が、漢字＝漢語に吸収されてしまったと考えられます。膠着語のような言葉がいっぱいあったにもかかわらず、それが全部、漢字＝漢語に吸収されてしまい姿《かげ》をひそめてしまったのです。

その証拠に、漢字から食《は》み出る言葉はいまでも周辺にはたくさんあり、それに宛てるためにつくられた新たな漢字もあります。たとえば広東語の「Yáuhsih lèh há sówaih móuhsing sing yáuhsing ā máh, m̀hsái góng gam dò yéh ge」（有事□□、所謂冇聲勝有聲吖嘛、唔使講咁多嘢嘅）は、「事柄によってはいわない方が、いうよりも益をもたらすことが多い（事柄によっては、いわぬが花）」という意味です。□□部は該当する文字がなく、「冇」は「無」の広東語表記、そして口偏のついた「吖、嘛、唔、咁、嘢、嘅」は漢字を音に宛てたものです。現在の広東語でもこれだけの漢字化されない語があることから、漢字によって孤立語化していった姿が思い浮かぶはずです。

そういうことから考えても、中国語は本来一つの言葉ではなくて、漢字によって辛うじて統一された言語であるといえます。「漢字語」のことを中国語といっているのであって、中国語というものが文字成立以前からあったとは、とても考えられず、また、中国大陸の諸語がもともと孤立語であったとも考えられません。

これについては、ラテン語↓ヨーロッパ語↓英語の例を考えてみてもよいと思います。英語は一応屈折語に分類されていますが、実態としては屈折の度は少なく、孤立語といってもいいほどです。英語と中国語が似ているといわれるのは、このためです。ということは、孤立語は前段階の構造を変えて生まれてきた姿ともいえます。つまり、孤立語である中国語の構造は、漢字が、もともとあった大陸諸語の文法（正確には言法）構造を改変して生まれたと考えられるのではないでしょうか。

ウイルスの研究などにより、カスピ海の南あたりの人と似ているということから、日本人の起源を探究している人もいます。あるいはそうかもしれないけれども、基本的には中国大陸および朝鮮半島からたくさんの人が渡ってきたに決まっているし、言葉もおそらく、前中国語と密接な繋がりをもっていただろうと思われます。

中国を全面的に讃美したり、あるいは中国を回避したりすることは、実は漢和の二重言語たる日本語が構造的にもっている特徴に由来します。したがって、日本語起源論や日本人起源論の中国迂回は、私には滑稽に感じられるのです。

日本語の特徴を形成するもの

さてそれでは、日本語の特徴をまとめてみます。

第一に日本語は、先ほど例を挙げたように、「春風」という漢語に対して、音語である「シュンプウ」と訓語である「はるかぜ」という、ニュアンスの異なる二つの表現をもつ言語であるということです。

そして第二に、文字による区別が音声としての言語の発達を拒み、多数の同音異義語を生むことになりました。つまり漢字で書くことが定着すると、発音する方の言葉は進化を止めてしまうのです。たとえば、「ロープを張る」「ラベルを貼る」「人の顔を撲《は》る」というように、「はる」という言葉がいったん選ばれて、漢字を裏側に貼りつけた訓語として定着してしまうと、「はる」という言葉はもうそれ以上、発達しません。もし漢字によって「はる」という和語が定着していなければ、「張る」は「ぴんはる」とか、「貼る」は「ぺたはる」とか、「撲る」は「ぱちはる」、あるいはそれぞれ「ぴはる」「ぺはる」「ぱはる」とか、その差を言い表す言葉がつくられていた可能性があったのです。

いまの日本語教育では「張る」という同じ漢字を宛てていますが、ピンとロープを宙に張るのと、下地があるところにペタッと貼るのと、人の顔をパーンと撲るのとでは、全然違います。「はる」という一つの言葉だけですむはずはない。しかし漢字と結び付いて、漢字でその違いを表現できるようになったため、音声としての言語の発達が阻害されたのです。

音語・訓語の二重性に併せて、音語にも、最初から弧島に入り定着した呉音、平安時代に定着した漢音、鎌倉時代に禅とともに入り込み定着した唐音があります。「行」に対して「ギョウ」は呉音、「コウ」は漢音、「アン」は唐音です。一つの語に四つの音がある場合も多いため、異音同義語が多く、また逆に、音語では同音異義語が非常に多いのです。

これらの異音同義語や同音異義語の多さが、たとえていうと、吉本興業を成り立たせています。日本は『万葉集』の時代から、「駄洒落立国」であるともいえます。いまの若い人は「おやじギャグ」を軽蔑しますが、駄洒落が失われるということは、日本語の特性が失われることに繋がると思わないわけではありません(笑)。

私は先ほど、ひらがな＝女手が和文や和歌などの独自の文章をつくったといいました。つまり漢語の裏に貼り付くだけではなく、訓語が独立して一つの文、あるいは歌をなすという姿をとったときに何が生じるかというと、二つの特徴が生まれます。ひらがな＝女手の表現は、一つは四季表現に厚みをもたせ、もう一つは人間の性愛表現に厚みをもたせることになりました。春夏秋冬は自然の性愛です。自然のサイクルでありセックスです。それを人間に対応させるとどうなるか。人間の四季とは何かといえば、誕生から死に至る人生であり、その中心に性愛の問題があります。

これは日本のひらがな＝女手文学のいちばん根本をなす問題です。ただし日本語はこれがすべてではありません。なぜなら、和語つまり訓語だけを繋げれば、四季と性愛に行きますが、漢語つまり音語の側を行けば、今度は政治的、思想的、宗教的な言語ができあがるからです。

日本語はひらがなと漢字と両方から成り立っています。そして、「日本語は、漢字・ひらがな・カタカナからなる語彙と、漢文、漢文訓読文、ひらがな文、漢字ひらがな交じりの文体からなる言語である」というのが結語になります。

冒頭で見た「⊠」の、中心から四方八方に遠心し、それがまた求心していくという四角い漢字の姿、それから「ぉ」の、次から次へと手を結んでいくようなひらがなの姿、さらに「ノ」の、ものに対して楔を打ち込んでいくようなカタカナの姿、そういう三つのベクトル（力と方向）の総合として日本語があるということが、書から窺えるのです。

第二講　文字とはなにか

文字は言語記号の一種か？

近年、文字に対する関心が高まっています。その背景には、ワープロから始まって、パソコン、さらには携帯電話に至るまで、文字情報が氾濫しているという事情があります。しかし結論からいえば、文字が洪水のごとく氾濫する時代にあって、逆に、言葉が旱魃《かんばつ》のように乾ききっているのが、いまという時代だと総括することができます。そうすると、文字と言葉を繋いでいるものは何か、それが問題になってきます。

一般には、文字は言語の記号の一種だといわれています。もちろんそういう観点も成り立つのですが、もう少し本来の意味で、文字というものを捉えてみたいと思います。たとえば、みなさんがいま、しきりにメモをとっておられます。それは表面的に見れば、文字を書いているということになりますが、ほんとうは講義のメモをとっているわけです。講義の内容をメモにとっているのであって、ただたんに文字を書いているわけではありません。

あるいは私の講義がつまらなくなって、ノートの端にいたずら書きをしておられるとします。それも別にいたずら書き自体をしているのではなくて、手を動かし印をつけながら、なにがしかのものをそこに生み出そうとしていることになります。

したがって、文字を生きた現場で捉えた場合には、文字を書くなどということはないし、文字を読むというようなこともない。詩人は詩を書いているのであって、文字を書いているわけではありません。読者はその詩を読んでいるのであって、文字を読んでいるわけではありません。詩という言葉に直接届こうとしているのです。これを間違ってはいけません。

文字とはいったい何かを解《と》こうとするときには、文字自身が生きている場所をそっくりそのまま抽象化するという作業がないと、文字はいわば死骸のように博物館の陳列台に並べられることになります。そうではなく、生きた言葉、生きた文字を考えていこうと思います。

先ほど、文字は言語の記号の一種だといいました。その場合、一般にどのように考えられているかというと、まず言葉は人間とともにある。これがスタート地点でいいと思います。もっとも動物学者の中には、サルにも言葉があるという人もいますが、基本的に言葉は人間に固有のものです。

その言葉は、声、つまり話し言葉です。話し言葉は人間社会に普遍的に存在します。これに対して、文字は人類史のある時点で生まれます。よく、文字によって話し言葉を定着するのだといわれます。これは西欧発の考え方ですが、現在ではもはやポピュラーではありません。

文字言語、つまり書き言葉は、歴史上のある時点で生まれてきた。話し言葉と密接に関係しながらも、これとは異質な言葉です。しかし西欧的には、やはり、書き言葉は話す方の側から絶えず影響を受けて、話し言葉の方にすり寄っていこうとする傾向があります。

「はなす」と「かく」

話し言葉を「言」、書き言葉を「文」と表すと、言葉には言《はなしことば》と文《かきことば》があり、歴史上のどこかで文《かきことば》は生まれてきたということになります。

これが一般的な考え方ですが、私はもう少し踏み込んで考えたいのです。どういうことかというと、もちろん言葉としては言《はなしことば》が人類史とともにあるのですが、文字が生まれたときに文《かきことば》が生まれたのではなく、文《かきことば》のいわば前史というべきものが、文字の生まれる前にあったのではないかと考えるのです。

なぜそういうことを考えるかというと、言葉だけを問題にするのではなく、言葉は人間の意識を外側に表出する表現の一種であり、しかもそうした表現のうちで最も大切なものだと考えるからです。人間は表出し表現する存在であると規定することができます。一般にはまず言《はなしことば》があって、無文字時代の長い歴史ののちに、文《かきことば》がある時点で生まれた、文《かきことば》の出現からいわゆる「歴史」が始まったということになるのですが、人間は言葉する存在であるという定義をさらに大きく包む概念として、人間は表出し表現する存在であると考えたときに、文《かきことば》の前史というべきものがいきいきと想定できます。

私の考えでは、人類史とともに「はなす」ことと「かく」ことの二つの営みがありました。この二つの基本的な営みがあって、その「かく」表現の中に、文字が言葉と対応するかたちで生まれてくることによって、ここに文《かきことば》の歴史が始まったのです。したがって、どこかの時点で突然文字ができて「かく」歴史が始まったのではなく、その前に言《はなしことば》と同じぐらい長い「かく」歴史があったことになります。このように考えたときに、文字とは何かということが、非常にわかりやすくなります。

「はなす」とは、「放す」「離す」そして「話す」です。自分の身体を用いて、意識を外へ放す表現が「はなす」という行為です。スポーツの開会式などで鳩が放たれ、ワーッと一斉に空高く舞い上がってゆく、そういう拡散するイメージに繋がるような表現方法が「はなす」です。歌舞、演劇などが、この範疇に属します。もちろん自分の身体から声を発する発話や話芸も、「はなす」行為です。

もう一つは、「かく」という行為です。これは「欠く」「掻《か》く」「画《か》く」、そして「描《か》く」「書く」です。これは人間が道具を使用して対象に働きかけ、対象を変形させる行為です。石や木を欠けば彫刻になり、銅板を引っ掻けばエッチングになります。ある部分を区切る、つまり画けばデザインになり文様になり、描けば絵画になります。そして言葉を書く、文学を書く、書を書くということにもなります。

この「かく」は、手にかならず道具をもちます。道具をもって「かく」。それは耕すこと、基本的に農耕のイメージです。このことを念頭に置くと、文字の問題はきわめて理解しやすくなります。

言葉には、話された言葉と書かれた言葉がある。その書かれた言葉の前史として、「かく」という行為があった。ですからラスコーの壁画のように動物の絵が描かれていても、ルロワ＝グーランが試みたように、そこに物語らしいものを読みとることが可能になります。それは「かかれた」ものだからです。

文《かきことば》は筆蝕において成立する

ここでもう一度、一般的な言《はなしことば》と文《かきことば》の問題に立ち返ります。言《はなしことば》とはいうまでもなく音声です。これに対して文《かきことば》は文字です。音声言語に対して文字言語というような言い方をしますが、これがどうもあやしいのです。

というのは、言葉は音声から成り立っているのが前提です。文字論では、文字があああだこうだといいながら、どうしてそれに対応する音声については、ああだこうだといわないのか。文字学とはいっても、声学《こえがく》とは普通にはいいません。「声学《せいがく》」と呼ぶと、音楽の方へ展開してしまいます。

音声は言《はなしことば》と密着していて分離しにくいものだという意識が、言葉と音声の関係の考察においては働きます。そのため文法の本などを見ても、たとえばアクセント、つまり強弱・抑揚といったものが、言葉の属性の中に入れられています。ああだこうだと文字を扱うようには音声を扱わないのはなぜかというと、私の考えでは、音声と文字とを対応させることが間違いだからです。

　われわれが文字を書く場合のことを思い浮かべてみましょう。筆記具を執る。筆先＝筆尖《ひっせん》が紙という対象に触れる。筆尖と紙の両者の間で交わされる力のやりとり、つまり接触し、次に摩擦しあいながら一つの点画（痕跡）を残し、やがてそこから離脱して次の点画へと移っていくという、接触と摩擦と離脱の三つの劇《ドラマ》が、いわば音声を発するのと同じような営みで演じられているにもかかわらず、そのことにはおかまいなく、残されたひとかたまりの痕跡に文字という名前をつけて、それと音声とを対比させようとしたところに、文字と音声とを比較したときのアンバランスの理由があります。

　音声に対応するのは文字ではなく、書くという行為そのもの、つまり「筆触《ひっしょく》する」ことです。文《かきことば》成立以降は、言《はなしことば》と文《かきことば》という二つの言葉が相対的に独立しながらも、一部は合流したり、あるいは一方に吸収されたりしながら、二つが合わさって言葉を成立させてきました。ソシュールは、「言葉は言《はなしことば》と文《かきことば》の総合とは考えられない」と言ったと、『一般言語学講義』に記されていますが、どう考えても「言葉は言《はなしことば》と文《かきことば》の総合」以外にはありえません。

　文字成立以前のことを考えてみると、やはり前言語段階の「かく」という行為を、表出・

表現の中に含み込んで考えてゆかなければなりません。

また文字成立以前の言葉は、いまわれわれが使っているような、言《はなしことば》と文《かきことば》が相対的に独立しながら、それでいて相互に規定しあい干渉しあっている段階の言葉から、文《かきことば》を除いたものであると考えることはできません。いまのように、言葉の一つ一つがきっちりと音韻との対応関係をもった言葉ではなく、身振りや手振り、あるいは音楽や舞踊などとともにある言葉だったであろうと私は考えます。

「声」と「越える」とは、何らかの関係があるのかもしれません。それに対して「かく（掻く）」とは、道具を用いて対象にキズを残すことです。掻いた結果としてキズが残る、跡形をつける、これが文字といわれるものの正体です。

ここで整理してみましょう。まず、言葉から離れて文字はない。言葉には、話し・話された言葉、すなわち言《はなしことば》と、書き・書かれた言葉、すなわち文《かきことば》がある。両者は相対的に独立してはいるが、なおかつ相互浸透する関係にある。だから文字ができてからは、書くことによって言《はなしことば》も変質してゆくことになります。言《はなしことば》は音声を中心に成立し、文《かきことば》は筆蝕、つまり書くことにおいて成立する。したがって、音声がなければ言葉はないように、筆蝕することがなければ文字はないのです。

にもかかわらず、実際に生きた現場では、それらはなるだけ姿を現さない方がいいのです。詩集を読んでいるときに、あるいは小説を読んでいるときに、文字がしきりに気になる

とした ら、それは好ましくない出来事です。読者は言葉の生きている姿の中に入り込んで、文字はいわば透明でないといけない。音声も、存在しなければならないけれども、やはり透明でないといけない。透明であるけれども、表現の中に重要な位置を占めているものとして、文字と音声はあるのです。

したがって、文字を意識するということは、一種の病的な症状です。たとえば本を読みながら、アレッと思う。何か意味が通らない。これは誤字ではないかと疑う。あるいはずっと読んできたけれども、ある漢字が読めない。そこで辞書を引く。言葉が生きて活動している中にいままさに自分がともに生きているにもかかわらず、文字に意識が向かう。これは病的な状態ということになります。

しかしながら、やはり文字は存在しなければならない。肉体がなければ精神がありえないように、文字は言葉の肉体だといってもいいと思います。つまり生きた現場で、言葉を支えながら、なおかつ存在しないかのごとく、あるいは意識されないかのように振る舞える状態が、文字にとっては理想的ということになります。そのために印刷物などでは、スムーズに言葉の世界に入り込めるように、書体を選び、レイアウトを工夫することが必要になります。

生きた現場から考える

言葉は人間の最も本質的で尖鋭《せんえい》な表出・表現です。いま私は、こうしてみなさんに講義をしていますが、抑揚もなく平板にしゃべっているわけではなく、やはり声に強弱があり、高低があり、間《ま》があり、そのうえに身振りや手振りなどのさまざまな身体動作をともないながら、言葉を発しています。

言語学がある意味で虚しいのは、この身体的な表現性を考察の対象とすることができず、捨象しなければならないからです。身体の動作を捨てるのであれば、実はかならず強弱をともなう音声も捨てなければならないはずです。音声を捨てるとどうなるか。言葉がなくなります。

言葉を語るときには、声を語らなければならない。声を語るということは、強弱、高低、長短、間を語らなければならない。強弱、高低、長短、間を語るということは、視線、眼光、顔の表情、身振り手振りなどを含めた身体にまつわるさまざまな「放す」表現について語らなければならない。

こうした有象無象を含めた、生きた現場での言葉をまるごと把捉できなければ、表出・表現の核心に至ることはできません。

たとえば「行きますか」と訊かれたときに、ひと言もしゃべらないで、相手に顔を向けて微かに頷く。この場合は「放す」表現、つまり身体表現、より精確には顔の表情があるだけです。それは言葉とは別物でしょうか。いや、表現や表出のレベルで捉えるならば、肯定の言葉と同様のものとして扱えるはずであり、また扱わなければなりません。われわれは日常、そういう表出・表現行為を含めた全体の中で言葉の生活を生きています。身振りや手振りは除外する、ということはありえません。生きた現場から考えれば、微かに頷く行為は、「行くよ」と答えたのとほぼ同じ意味を伝えているのです。

もう一度繰り返せば、言葉はやはり人間の最も本質的で尖鋭な表出・表現です。表出と表現の現場において考察すれば、言葉は表出と表現のまさに尖頂にあるというにすぎず、たしかに一つの宇宙を形成しますが、言葉のみへの考察をもって人間の本源的な表出・表現行動の全体が解き明かされるわけではありません。

いま私は「尖鋭」という表現を使いました。「尖鋭」とは、実は先の尖った筆記具の尖端をイメージしていたのです。

ナイフなどもそうですが、「尖鋭」は道具というものがもっている基本的な構造です。人間が対象に働きかけ、対象を変形させる道具は、かならず尖端が鋭利に尖っています。それに連なる軸や柄は、力を拡大したり縮小したりする装置です。この両者を備えた道具が、人間と対象の関係を間接化するのです。

話すという行為は、自分の身体から声を「放す」ことですから、相手との会話では直接的であるといっていいでしょう。ところが書くという行為は、そこに相手がいなくても、自分に向かって、あるいは次の世代の人に向かって、さらにはすでに亡くなった過去の世代の人に向かって、書くということがありえます。その間接性は、やはり筆記具という道具の介在によって生じています。

その「尖鋭」に関連してもう少し話をつづけますと、「言葉」という語、これもまた極めて示唆的です。「言葉」は「ことのは」。「ことのは」の「は」は、「葉」であり、「端」であり、また「刃」であります。

ものとものとが接触する。これを私は、尖鋭なるもの、つまり「端」や「刃」が接触するというイメージで捉えたいと思います。集団的存在としての人間もまた、共同性を獲得するために、つねに他人に接触しようとします。その手段が言葉であり、その言葉は尖っているのです。三度《みたび》繰り返せば、言葉は人間の最も本質的で尖鋭な表出・表現なのです。

二重性への問いかけ

では、言葉はどのようにして生まれたのでしょうか。道具を使用することになった人間は、間接的にも対象に働きかけます。そのときの手応えと、じかに触れたときの触感との落差、その二重性への問いかけから、言葉は発せられたのではないかと考えられます。

たとえば目の前に太鼓があるとします。私たちはその太鼓の皮膜面の状態を、直接に触れたときの手ざわりと、桴《ばち》や棒などの道具を使って打ったときの間接的な手応えと、絶えず両者の関係において捉えています。つまり、人間がじかに物に触れた場合であっても、その場には、何かの道具をもって間接的に触れたときの感触が、同時に記憶として生きているということです。人間の感覚は、その二重性において成立しています。

言葉の発生も同様です。あるものに触れるとツルツルしていた。その同じものを今度は棒で叩いてみた。叩いたときには硬くてトントン音がした。このときにも、触ったときのツルツルした感覚が生きていたし、触ったときにも、叩いたときの感覚が生きていた。同じ対象であるにもかかわらず、直接性と間接性との間に生じた触覚上の差、その二重性。その場に、いったいこれは何だ？　という疑問が生まれる。その疑問から発せられた声が、最初の言葉だったのだと思います。

言葉は異和感、疑問から発せられた。実はそれこそが言葉の本質ではないかと私は考えます。人間の言葉には、かならず言い足りない何かが残ります。言葉はいつも何かを積み残してしまうのです。そこに異和感と疑問が生まれる。だから人間は永遠に考えつづけていかざるをえない宿命にあるのです。

「文字とはなにか」を考える際に、文字という言い方をするよりも、むしろ筆蝕と呼び換えて声に対応させた方がいい。だから、対応するのは「声と文字」ではなく、「声と筆蝕」です。筆蝕とは先ほどいったように、筆記具の尖端が接触し、摩擦し、離脱する劇《ドラマ》です。この筆蝕の劇《ドラマ》をつねに念頭に置きながら、文字について考えてゆくことにします。

表意文字と表音文字

さて次は、いわゆる表意文字、表音文字についてです。

表意文字、表音文字という区別が、よく語られますが、本質的にいえば、どの文字も基本的にはすべて表意・表音文字としてしか存在しません。

たとえば「雨」という字は表意文字、それに対して西欧のアルファベットの「r」は表音文字だと分類されます。しかし「雨」と「r」を比較するから「違う」のであって、「rain」というひとかたまりで「雨」と同種の語を表すのですから、語と語を比較さえすれば、「rain」は意味を表す表意文字ということになります。

ひらがなの場合でも、「雨」は「あめ」と対応しているのであって、「あ」あるいは「め」だけと対応しているのではない。したがって「あめ」は雨という意味をもった語として使われます。とすれば「雨」も「rain」も「あめ」も、いずれも表意文字ということになります。

日本語では「雨」は「あめ」と「ウ」の両方の音をもっています。音なら何でもいいというわけではないのですから、「あめ」「ウ」というような範囲での読みがここに固定しています。「雨」には「あめ」または「ウ」という音が固定しているし、「rain」には「レイン」という音が固定しています。

このようにすべての文字は、表意文字であって、しかも表音文字である。ただこれを、「r」で切り、「あ」で切るからおかしなことになるのです。図象の単位ごとに切ってしまうから、表音文字だということになってしまう。これがバラバラに区切られるのでなく、「rain」「あめ」として使われるのだから、アルファベットもひらがなも、表語文字、つまり漢字と同じ表意・表音の表語文字ということになります。

そうすると、漢字の構成素について、おもしろいことがわかります。たとえば「波」は、英語では「wave」です。「w」はいわば「波」のサンズイにあたることになります。漢字の場合でも「永字八法」なら八つの要素を、あるいは「変化二十四則」とか「七十二法」とか、かたちを構成の単位とします。それはちょうどアルファベットの一文字と同じようなものです。ということであれば、一字一字のアルファベットを学ぶように、一点一画、あるいは文字の構成素に習熟しなければ、正確に文字は書けないということになります。東アジアでは実際そうしなければならないのです。

「wave」の「w」はサンズイに当たり、「a」に相当するのが第四画、あるいは第五画であり、そして最後の第六、七、八画が「v」とか「e」に相当するという言い方が可能です。

要するに書法が違うだけです。英語は横に繋いでいきます。ひらがなは縦に繋ぐ。そして漢字は一字が一語ですから、構成素を一箇所に集中するように繋ぐのです。

「永字八法」といいますが、「永」の字を見ても、真ん中のところに中心があって、その中心から四方八方に遠心するベクトルと、逆に四方八方から求心するベクトルとで成り立っています。書道をやっている人が、よく「文字の重心」といいます。文字の重心が、どこそこにあるなどと。なぜそういうことが云々されるのかというと、漢字の構成素が一箇所に集中する構造をもっているからです。

漢字の場合、一字が一語で完結した意味をもち、一字一字が縦に並ぶように書かれ、なおかつ一字一字は構造的に一箇所に集中する。それが漢字の基本的な特徴で、中国語が単音節孤立語、つまり一つの音節で一つの意味をもっていることを象徴的に示しています。

したがって、漢字はイメージでいえば「」のように、遠心し求心するベクトルをもった書法で基本的に構成されています。もちろんこれが草書になると、仮名と同様にほどかれて、「」のように繋がっていく構成に変わってゆきます。一字では完結しないひらがなには、重心はありません。

音声中心の言語と筆蝕中心の言語

話をもとに戻します。漢字もアルファベットも、ともに表意・表音文字、つまり表語文字なのですが、やはり違いはあります。たとえば「wave」の「w」というアルファベットの一単位は、音声に繋がっているのに対して、「波」のサンズイは、もともとは川の水の象形から来ている。漢字の構成素は、やはり意味をベースに成り立っているのであり、アルファベットと漢字では、単位すなわち構成素の質が異なることになります。そういうわけで、前者を表音文字と呼び、後者を表意文字と呼ぶ分類法が意味をもってくるわけです。

アルファベット言語圏においては、音声中心の言語を形成する。もちろん一〇〇％ではありません。五〇・一％、音声を中心とすると考えてください。これに対して漢字言語圏においては、五〇・一％、意味を中心とした言語を形成すると考えればいいでしょう。おそらく西欧と東アジアを対比した場合、この音声中心の言語と、文字・書字《しょじ》中心の――もう少し正確にいえば、筆蝕中心の――言語との相異が、決定的なものなのではないかと思います。

よく例に引きますが、日本語の場合、とくに同音異義語が多い。「ショウカ」といったところで、何のことかさっぱりわからない。日本語の場合、本当は講義を声で聞いても正確な意味がわからず、駄目なのですね。やはり文字を読まなければならない。

前後の文脈から「ショウカ」が何を指すのか、わかるときはいいのですが、「消火」なのか、「昇華」なのか、あるいは「消化」なのか、はたまた夏を涼しく過ごす「銷夏」なのか、さまざまな「ショウカ」があるために、その文字が浮かばないかぎり、本当の意味での言葉の理解には達しません。「いまの話のショウカ、どういう字を書くの」と尋ね、指で書いてもらって、「ああ、そうか。ショウカって、火を消す方のね」というたぐいの会話は、おそらく西欧の人たちにとって、この人たちはいったい何を話しているのか、不思議な光景に思えるでしょう。

会話とは声を交わすものでありながら、日本語においては、声だけでは本当の意味は届かない。文字でしか届かない。だから、「文字をしゃべり」「文字を聞いている」のだともいえます。

私の今日のここまでの講義の中で、おそらくいくつか、文字の姿が見えない単語があったと思います。それは、文字で聞いているからです。

そういう東アジアの言葉と、音で聞く西欧のアルファベットの言葉とは、やはり異なるといっていいと思います。それは先ほどいったように、わずか〇・一%の違いです。〇・一%の違いで、位相がガラッと変わるのです。

位相が変わるとは、一瞬の出来事です。ちょうどマヨネーズをつくるときと同じです。卵黄に酢を混ぜたものに、サラダオイルを少しずつ加えながら攪拌していくと、ある一点で水の相から油の相に変わり、そのときマヨネーズができあがります。わずか〇・一%のところで、水の相から油の相に転換し、姿形はまったく異なったものに転じるわけです。

これと同じような現象が、西欧のアルファベット言語と、東アジアの漢字を中心とした言語の中に見出せます。両者は同じだといってしまうよりは、ここは違うとしっかりと理解しておいた方がいいと思います。もちろん共通する側面も十分すぎるほどありますが、異なる側面も互いに理解しておくべきです。

したがって表意・表音文字という言い方には、さほど意味がない。重要なのは、音声を中心として成り立つ言語と、文字がかならずそこに媒介されるような、要するに漢字のような筆蝕文字を中心として成り立つ言語とは、やはり違うのだということを冷静に見つめておくことです。

音声言語を用いる声のヨーロッパは、音楽を芸術表現として発達させました。クラシック音楽やオペラがその代表的なものです。西欧の場合には、会話もいわば音楽として成り立っています。色彩もちょうど五線譜のように、諧調をもって循環する、八段階のグラデーションとして捉えられています。

一方、東アジアは文字・書字中心ですから、芸術表現は書を核として展開します。このため書に対する一般の教養の厚みは、やはり相当なものです。かつて私は、京都新聞で「一日一書」というコラムを連載していました（『一日一書』〈二〇〇二年、二玄社。同02、二〇〇三年。同03、二〇〇四年〉）。厖大な書の歴史の蓄積の中から、一字を取り上げ、それに百五十字のコメントを付けたものを、毎朝、新聞の一面に載せていたのですが、このような連載が成り立つのは、その文字のたたずまい、書きぶりに対して、多くの人がなにがしかの感想を抱きながら接するという文化的な背景があるからです。西欧人の音楽に対する鋭い感受性や深い教養に匹敵するレベルのものを、われわれ東アジア漢字文明圏の人間は、書に対してもっているのです。

私などときどき困るのですが、いまでも中国からの客人は、著名な学者先生とか書法家の書いた書を土産としてもって来ます。「こんな感心しない書、いらないよ」とか思ったりもするわけですけれど、中国は書の本場ですから、やはり書が文化の根幹にあるという認識が、伝統として脈々と生きているのですね。

誤解を恐れず極論すれば、中国に絵画や音楽はないといってもいいほどです。それらは書のバリエーションとしての音楽であり、絵画にすぎません。文化の中央の頂点に聳《そび》えるのはあくまで書であって、その周辺に絵画や音楽が連なっています。西欧ではやはり音楽が最も尖鋭的な表現としてあり、その周辺に絵画、あるいはカリグラフィー、デザインなどが、音楽に統合されるようなかたちで組織されていると見ることができます。

東アジアにおける文字の誕生

では、その文字はどのように成立するのか。この問題に触れておきたいと思います。

日本にも前文字的な段階における、「掻く」と「放す」表現はもちろんありました。ある種の図形らしきものが画かれているということは当然あるわけですが、ここでは文字はどのようにできたかを考えてみたいと思います。

東アジアでは、紀元前一四〇〇年から一三〇〇年頃、中国の殷に文字が誕生したと考えられています。漢字が伝わる以前に、日本に神代《じんだい》文字があったと説く人がいますが、ありえないことです。

なぜありえないか。国家がないからです。文字と国家と宗教と言葉における主語とは、同時に生まれるからです。

さまざまな中小の共同体が、交易や戦争を通して複雑な連合・敵対関係をもつようになると、相手と自分たちを区別し、おのれの出自を確認するために、それぞれの共同体が独自の祖先神話をもつようになります。

たとえば、小学校の同級生の子供が、ふたりで仲よく遊んでいるとします。そのとき一方の男の子が「ぼくのお父さんは会社の部長なんだ」というと、もう一方の男の子は家に帰って、「うちのお父ちゃんは会社で何しているの」と尋ねる。お母さんは、「お父ちゃんはまだ課長だけれども、実はお前のお祖父さんはプロ野球の選手だった」と話をする。するとその男の子は、「ぼくはプロ野球選手の孫だ」と自覚することになるわけです。そのようなかたちで、自分の出自を言挙げするようになる。一方は「ぼくは部長の子供であり、お祖父さんは大きな会社の社長さんだった」と言い出し、他方は「お祖父さんがプロ野球の選手だった」と言い出す。

これと同じ原理で、家系図をたどって、うちはもともとは源氏の出だとか、平家の出だとか、藤原氏の子孫だとか、自分の出自を強調しようとするのは、現在でもよく見かけます。原始共同体においても、それぞれの共同体が、他の数多くの共同体と複雑な関係を築き上げてゆく過程で、みずからのアイデンティティを自覚し、祖先神を祀るようになるのです。

ところが「俺のところは山から来た」「私たちは湖のほとりから来た」、「俺たちの祖先神は熊だ」「私たちの祖先神は蛇だ」といっているままでは、それぞれの出自がバラバラですから、より高度で大規模な連合共同体を形成することはできません。彼らが「われわれはたしかに異なる出自をもつ。しかし、われわれは仲間である」と自覚し結束するためには、それぞれの祖先神を超えた、より高次の崇拝対象を仮構する必要があります。そこに「天」「帝」「神」という超越的な宗教観念が生まれました。それが古代宗教です。

「天の下にわれわれは同類、仲間なのだ」という自覚。そこに国家が誕生しました。この国家の誕生と同時に文字が生まれ、「天」や「神」が主語になるのです。「神はいわれた、光あれと」。するとその「天」や「神」を模倣して、それを小さくすると自分が主語となるというしくみで、主語ができるのです。

文字と国家と宗教と主語は、同じ段階で生まれました。紀元前一四〇〇年から一三〇〇年頃の殷の時代のことです。

白川静《しらかわしずか》先生の業績は、この古代宗教国家がどのような社会組織をもっていたか、当時の人々がどのような世界に生きていたかを、甲骨文や金文の上に薄紙をあてて克明に筆写し、文字のエレメントを分解、その組織を考察することによって解き明かしたことです。

たとえば「コザトヘン（小里偏・阜偏）」。それまでは「オオザト」「コザト」すなわち「大きい丘」「小さい丘」と、ともに丘だと考えられていました。ところが白川先生はこれを

「梯《きざはし》」、つまり神の世界と人間界を繋ぎ、そこを神が昇り降りする梯子《はしご》であると解いたのです。そこから神と人間がどのように交流していたかを明らかにしました。

　また漢の時代から現在に至る字源解釈をひっくり返した白川先生の説として、「𠙵」（サイ）があります。これはそれまで「口」とされていました。白川先生はこれを、神に祈りを捧げるための祝詞《のりと》を収めておく器だと読み解いたのです。こうした作業を通して、祭祀儀礼に満ち満ちた古代宗教国家がどのような世界であり、そこに生きる人々はどのような社会をつくり、どのような生活を送っていたかを、体系的に解き明かし、描き出したのです。

　したがって白川先生の研究の対象は、基本的に古代宗教国家時代の文字、つまり甲骨文と金文に限られます。甲骨文と金文の解析を通じて、紀元前一四〇〇年から一〇〇〇年頃の社会全体を、それこそ手に取るようにはっきりとさせました。それは文化人類学のフィールドワークからもたらされる成果を凌ぐほどに克明なものです。

　このようにして誕生した文字は、当時の神話体系に裏打ちされています。先ほど例に挙げたコザトヘンは、天と地を繋ぐ神梯でした。また金文の「」は鉞《まさかり》であり、「王」を意味しました。すなわち、鉞のかたちをしていることが了解されれば、たとえ刻線に多少の肥瘦があっても、「王」の文字であると認識されたのです。王とは鉞をもつ者であり、鉞は王を象徴するという神話とともにあったわけです。白川先生は、この発生期（古代神話時代）の文字に秘められた神話的宇宙を、それこそ丸ごと解明されたのです。

篆書成立の奇跡――字画文字の誕生

ところが、白川先生が研究対象にしている甲骨文・金文のあと、秦の始皇帝の時代に篆書《てんしょ》体が成立します。東アジアと西欧が、それぞれ文字の構造の異なる言葉とともに歩み始めた歴史的分岐点は、この篆書体が誕生した紀元前二二〇年頃であると私は考えます。

篆書とは、日本では現在も実印に使われている類の書体です。篆書の成立はまさに一つの革命でした。私は、甲骨文・金文から篆書が誕生したことは、人類史上最大の奇跡の一つに数えることができるとさえ考えています。

たとえば「王」の字から、鉞のかたちが消え、三本の横画と一本の縦画によって構成されることになりました。甲骨文・金文の原形を大きく損なうことなく、しかも脱神話化を成し遂げるという、あるかなきかの困難な道を通って、アルファベットに匹敵するような表意・表音文字が、紀元前二二〇年頃に誕生したのです。古代宗教文字は宗教性と神話性の軛《くびき》から解き放たれ、散文的に整理された直線と曲線から構成される字画文字へと見事に生まれ変わりました。それが秦の始皇帝による文字統一の意味です。

この事件は決定的でした。その重要性はいくら強調しても、強調しすぎるということはないでしょう。こうして東アジアは統一性をもった漢字文明圏として組織されることになったのです。

篆書体は宗教性、神話性から脱却しつつも、アルファベットや、それに先行するフェニキア文字のように、古代エジプト文字の原形をほとんど留めないかたちで表音文字化したわけではありません。文字の構成素が表意的であるという基本的な形体を残し、継承したのです。

甲骨文・金文は、宗教性と神話性を帯びた、いわば秘密の符号のようなものです。一方、今日われわれが使う文字は、宗教性と神話性を脱色されたとはいえ、その文字の中に、古代宗教文字の痕跡をわずかに留めています。たとえばコザトヘンは、予備知識がないと、どうしても梯であったとは気づきませんが、なるほど具象的に説明されれば梯のようだと納得することができます。

秦の始皇帝の時代に、文字は古代宗教文字から政治文字へと転生しました。新生の篆書体は政治文字です。「御名御璽《ぎょめいぎょじ》」という言葉を聞かれたことのある方は多いと思います。天皇が名前を署名して判子《はんこ》を押すことです。「璽」とは本来皇帝の押す判子のことです。そのほかは印と呼びました。その「璽」は篆書体で刻《ほ》られています。皇帝が「御名御璽」によって君臨する東アジアの政治制度は、始皇帝時代に始まります。古代宗教国家の時代から政治の時代に変わったのです。

このときに、東アジアは宗教を捨てています。したがって、日本に宗教があるかというと、基本的にはないと答えてよいでしょう。紀元前三世紀の段階で、すでに宗教は相対化されています。あるとすれば、自己都合の神様だけです。日本では、ご利益がないと簡単にほかの神様に宗旨替えしてしまう。キリスト教やユダヤ教の神、あるいはイスラム教の神のように、人間を創造し、人間を罰するような神は日本には存在しない。そういうレベルの宗教は、東アジアでは始皇帝の時代で消滅しているからです。

仏教も儒教も道教も、あるいは神道も、宗教だといってもいいけれども、それはユダヤ教やキリスト教やイスラム教のようなレベルの一神教とは違います。日本は多神教だという考えもありますが、むしろ基層は無宗教と考えて、その中にいくつかの宗教めいた習俗や風俗が残っていると考えた方がよほどすっきりするのではないかと思います。

紀元前二二〇年頃、中国は古代宗教国家を完全に脱却し、文字は神話に裏打ちされた秘密の符号であることから解き放たれ、このころから東アジアの周辺に広がっていきます。この影響として、日本は縄文から弥生時代に移行するのです。

最近、弥生時代のはじまりを紀元前五〇〇年とか七〇〇年まで引き上げようという説がありますが、これは水耕米作を弥生時代の指標と考えるからです。しかし大陸や朝鮮半島からたくさんの人が渡って来たとか、金属器の文明が始まるとか、文字の痕跡が見られるとか、総合的な観点からいえば、やはり従来の説に従って、紀元前三世紀頃から日本は縄文時代から弥生時代に移ると考えた方がいいと私は考えます。紀元前三世紀から、弧島は東アジア文明圏の歴史時代に参入するのです。

草書の成立――「書く」ことの始まり

この紀元前三世紀が東アジア史における一大転換期ですが、実はもう一つ、重大な転換期があります。紀元後四世紀半ばの王羲之《おうぎし》に象徴される草書《そうしょ》の時代です。以来、文字が非政治・脱政治・反政治的色彩を帯びることになったのです。

王羲之の尺牘《せきとく》（書状）を読みますと、膝が痛くて夜眠れないとか、子供がひとり亡くなったとか、個人的な苦しみや悲しみを切々と訴えている例が一つや二つではありません。そういう病苦や老苦の内容の文章と文体が、草書体という新しい書体とともに書状に登場するのです。

私はこれを、「尺牘文学」という一つの文学ジャンルに数えることができると考えています。「尺牘」とは元の意味は一尺幅の木簡、転じて手紙のことです。尺牘もいわば一種の詩です。個人の苦悩や煩悶を細やかに記した草書は、これまでの政治文字を、非政治・脱政治・反政治的な文字、いわば人間の文字に近づけています。これを本格的な書の起源といってもいいでしょう。王羲之が書聖と称される理由の一つは、その文学的な新しさにあります。

四世紀の中国の、不安定で苛酷な政治の時代に、王族の王羲之が自分の仲間内への書状とはいえ、膝が痛くて眠れなかったとか、子供が死んだとか、下痢がひどくて寝返りも打てなかったとか、切々と書き綴るとは、いったい何事かと思われるでしょう。今日でも政治家は、そのような弱みは見せないものです。精神的、肉体的な弱みをさらけ出すことは、政治的生命の終焉に直結するからです。

　ところで、秦代の篆書ののち、漢代に政治文字として君臨したのは隷書《れいしょ》です。隷書のうち、主横画の収筆部に波磔《はたく》と呼ばれる、明治の高官の髭《ひげ》のごときいかめしい払いをもつ文字を、とくに八分《はっぷん》といいます。たとえば「三」という字を八分で書くと、「三」となります。第三画の収筆部が波磔です。こういう造形は、中国の建物の屋根の稜線に見られますが、鳥が飛んでいく姿とも関係があると思います。

　この隷書の「三」が草書になると「⋮」となります。「下」という字は、草書では「⋮」、点三つになってしまいます。

　草書の特徴は、一つは横画が右に上がること、もう一つは筆画が省略されることです。それらは、人間が書くということの証《あかし》でもあります。ここに人間による本格的な書の歴史が始まったのです。少なくとも、いまわれわれが書いている文字は、王羲之に象徴される草書に淵源するところの文字です。そこには人間が書く姿が投影されています。

　実際に試みればわかりますが、右手で横画を書くと、身体的な構造から、水平に書くつもりでも自然に右上がりになります。人間が書くということを無視して、政治的な権威によって成立している社会では、「三」はあくまで水平の三つの画で「三」と書かなくてはなりません。人間的なものへの眼差しの深まりとともに、横画は右に上がったのです。

また、人間が書いたのだから、一定以上の速度と力のもとでは、「下」という字は筆画が省略されて、点三つと化すことも理解できるということになります。書くという出来事、つまり筆蝕が、従前の文字の規範に対して優位に立ったわけです。これ以降、誰も文字など書いていません。言葉をそこに書いているだけということになります。

書字の再生

これまでの話をまとめてみます。

篆書が誕生して、「王」は横三本と縦一本、都合四本の字画によって書き表される字画文字となりました。それ以前は、鉞のかたちをなぞって王を象徴していた。それが秦の始皇帝以降、文字は字画という構成素からなる文字に転じました。

やがて、隷書から草書が誕生し、人間が文字の筆画を書くと、肉体をそなえた人間の複雑で不定形な力が起筆、送筆、収筆に展開し、書くこと自体が劇《ドラマ》であるという筆蝕の構造が成立しました。

ところでいま、私が非常に不思議に思うのは、国語教育の現場で不当に筆順が無視されていることです。筆順によって、文字のさまざまな構成素を繋いでゆくのですから、筆順の指導のない文字教育はありえません。もっとも、楷書《かいしょ》と草書では筆順が違ったり、一通りではなく、どちらでもいいということはありますが、文字——ここでは筆蝕——とは、書いてゆく姿それ自体ですから、言葉を発する順序と同様に、筆順という問題は重要な意味をもっています。

さて次は、日本語の文字についてです。

第一講「日本語とはなにか」でもお話ししましたが、漢字の象徴は「」で、ベクトルが四方八方に遠心し、同時に四方八方から求心するという構造をもっています。ひらがなは、象徴的にいえば「お」という姿をしています。たとえば「お」「す」「ま」を見ればわかるように、上にアンテナを立て、そして回転しながら手を繋げていくという構造をもっています。カタカナを象徴するのは、右上から左下に向かって楔を打ち込むようなかたちの「ノ」で、「ノ・メ・ク・タ」のようなカタカナを見れば、この構造が一目瞭然だと思います。

一つの言語がこういう三つの異なったスタイルを含んで成立している点に、日本語の特徴があります。日本人が熱しやすく冷めやすいとか、ヌエのようでわからないといわれるのは、ここでは漢字の文体を使い、かしこではまたひらがなの文体を使い、同じことをいうのにもいくつかの言い方があるという多重言語生活を生きているからです。

東アジア漢字文明圏の言葉は、書字中心のいわば文書主義の言葉として組織されています。そこには宗教はないけれども、縦書きで文字を書く行為の中に天が現れてきます。「うそ偽りなく書く」というように、宗教に代行するものが、書くという行為の中におそらく含まれていて、そういう意味で書字はいわば祈りの側面をもっています。

いびつに肥大化した通信社会の中で、情報・通信の手段としてばら撒かれる洪水のごとき文字ではなく、生きた言葉とともにある文字をいま一度よみがえらせることが大切な課題となっています。日本の若い人たちの学力が低下していると文部科学省が警鐘を鳴らしていますが、現在の事態を招いた張本人は、いびつな通信社会化へと教育を誘導した当の文部科学省です。歪んだ通信社会化を是正し、教育と生活の根幹に生きた言葉を再建する必要があります。その再建は書字の再生にかかっていると考えています。

第三講　日本文化とはなにか

日本文化を問う必然性

みなさん、「今日《こんにち》はでございます」（笑）。

普通には「みなさん今日は」であり、「今日はでございます」には抵抗があります。朝なら「おはようございます」で何の抵抗も感じませんが、「みなさん今日はでございます」と言うと、言い方が違うのではないかとなります。「おはよう」のときは「ございます」が付けられるけれども、「今日は」あるいは「今晩《こんばん》は」の場合は「ございます」が付けられないですね。もっとも北海道などでは「お晩でございます」というような言い方がありますが、それでも「今晩はでございます」とは言いません。

実は今日お話しする内容は、こうした問題に絡んでいます。「おはようございます」はあっても、「今日はでございます」「今晩はでございます」という言葉はないという、このあたりがどうも日本文化を考えるときの鍵になるのではないかと考え、妙な挨拶から始めたわけです。

なぜ日本文化を問題にするのか。「日本文化とはなにか」というこの問いは、明治以降、日本が西欧とぶつかる中で、日本は西欧とは違っているのだということを否応なく自覚させられ、絶えず近代の日本の知識人の頭の中にあったのだと思います。しかし、もう少し考えてみると、この問いは実は、日本というものができたときからの問いとして常にあったのではないかとも考えられます。近代以前の日本では、文明はいつも西方からやってくるものでしたから、「日本文化とはなにか」と問うことは、たんに近代以降だけの問題ではなく、大陸や半島を見つめつづけなければならなかった日本が抱え込まざるをえなかった、必然的な課題なのではないかと思うのです。

日頃、事あるごとに「日本人はね」という言い方がなされます。「日本人はダメだよ」「日本人ならああはしないよ」とか、絶えず「日本人は」という言葉が語られます。南博という心理学者によると、「日本人ほど自らの国民性を論じることを好む国民は他にいない」ということになります。日本は殊に日本というものを考える国である、あるいは日本語人というのは日本というものを絶えず問題にする傾向があるということがいえるわけです。

日本の近代には、非常に不思議な議論が出てきます。たとえば——これは明治維新間もない頃でやむをえない面もあるのですが——、森有礼の「英語国語化論」（一八七三年）というのがありました。英語を日本の国家語にしようというものです。また終戦直後には志賀直哉が、日本の国家語をフランス語にすべしというようなことをいっています（一九四六年）。前者はともかく、この志賀直哉の論を一笑に付してしまうのは簡単なことなのですが、しかし実際にわれわれが言葉を操っている状況を考えてみれば、そこに日本語の不便さに直面せざるをえないということも、また事実です。

たとえば、よく日本語は「てにをは」の使い方が難しいといわれますが、自分の文章を推敲していても「てにをは」を直すことはしばしばです。漢字と仮名の使い分けとなると、これはもっとたいへんで、ひらがなにすべきか漢字にすべきか、漢字ならどの漢字を使ったらいいのかというようなことに悩んだりします。出版の際にも、校正者というのはたんに誤植を正すばかりでなく、用字・用語の問題に一見無駄とも思えるような厖大なエネルギーを費やしています。こういう事実に直面すると、志賀直哉のフランス語公用語化論も、あながち馬鹿げたこととすませられる問題ではないと思われます。

「おはようございます」とは言えるけれど、「今日はでございます」「今晩はでございます」というようには言わない。日常的に使っている「おはよう」と「今日は」「今晩は」は、だいたい衡《つ》り合うだろうと思いますが、「おはようございます」と「今日は」「今晩は」とでは、言葉としての丁寧の水準が異なるわけです。そこで、「今日は」「今晩は」にもこれと衡り合うような丁寧な言葉が欲しいと思うのですが、それがないのです。

これは日本語というものが、漢語・漢字・漢文・漢詩と、和語・和字（女手《おんなで》＝ひらがな）・和文・和詩（和歌）の二重性の上に成り立っている言語であるからです。「おはようございます」の「おはよう」というのは和語系に属する言葉ですが、これに対して「今日は」

「今晩は」は、「今日」「今晩」という漢語系の語彙が入り込んでいる言葉です。一日のうちの朝と昼と晩を考えただけでも、そこで使う言葉に整合性がないという、そんな言語をわれわれは生きています。このように日本語には、使う者に絶えず異和感を感じさせる要素があります。そのため志賀直哉は、日本の公用語はフランス語にしてしまえというような乱暴な問題提起の仕方をせざるをえなかったのではないかと思うのです。

これがほぼ今日のお話の結論に近いようなことになるわけですが、その前提として、人間の文化は何によってもたらされるのか、あるいは日本文化とは何かというようなことを考えるときに、どこからそれを考えていくかということになると、やはり最終的には地勢的なことも視野に含めて、外部から流入してくる文化の問題として捉えていかざるをえないだろうと思います。

ある時代に生まれた文化や伝統が現在もなお生きているとしても、それはただ伝統だからということで元のまま継承されるということはないのであって、日々新たに再生産されつづける構造がないかぎり、文化や伝統というものは成り立ちません。そしてその日々新たに再生産するいちばん根本的なところには、やはり言葉の問題が横たわっています。

言葉が文化を規定する

ここで、いったい言葉というものはどういうものなのかということを少し考えてみます。

なぜ言葉が文化の根本的なところを規定しているのだといえるのかということです。一応、言葉は語彙と文体から成り立っていると定義しておきます。語彙とはつまり単語で、この単語を繋いで載せる船のようなものが文体です。言葉は語彙と文体の結合したものと考えられます。

言葉というのは、ある種の枠組みであると同時に、要するに人間の行動です。たとえば梅が咲いているとき、梅と桜の差を知っていれば、あるいは梅と桜という語彙を区別しているところでは、梅と桜は別のものになり、「梅の花」ということができます。ところが梅と桜という語彙をもたないとすれば、極端にいえば花木であるとか、あるいは花であるとか木であるとか、もうちょっと大きな括り方でいわざるをえないわけです。ススキとオギ、同じように白い穂を垂らしていますが、ススキとオギという二つの語彙をもっていれば、これはオギだススキだと認識しますが、ススキとオギという二つの語彙が存在しないところでは、ススキとオギの区別は存在せず、「ススキ」と呼んで終りということにもなります。

これをもう少し深めて考えていくと、言葉というのは「仮の枠組み」であるということになります。たとえば英語には「肩凝り」という語彙はないし、「悪阻《つわり》」に類する特定の語彙もポピュラーではないようです。事実として悪阻という言葉がないとすれば、英語圏の女性は「悪阻」に悩むことはないわけです。いわば日本人は、悪阻という言葉があるから悪阻ということを演じる、肩凝りという言葉があるから肩凝りを演じるわけです。肩が疲れたという事実だけであれば、ああ肩が疲れたということで終わりますが、「四十肩」「五十肩」という語彙をもってしまったばっかりに、四十肩、五十肩に悩まされることになるわけです（笑）。人間というのは、そのような「仮の枠組み」であるフィクションに合わせて行動し、行動させられているのです。

人間というのは、あるスタイルを真似る。一つのスタイルを真似ることによって、そのスタイルを自分の中に定着させ、それを次に伝えていく。親を真似たり、学校で教わったり、友達から、近所のお兄さんお姉さんから、あるいは道行く人々から、近年ではテレビなどから、あるスタイルを学習し真似ることによって、自己の枠組みをつくっていくわけです。周りを真似て、自分自身の語彙と文体、つまり言葉というものを決めていきます。

身振り、手振りなども、同じです。私は、自分の親がそうしなかったために知らなかったのですが、指で熱いものに触れたとき反射的に耳朶《みみたぶ》に手をやりますね、それは耳朶が身体でいちばん温度が低いところだからだという説明がされますが、私はそれを周辺で目撃したことがなかった。したがって他の指で抑えたり、水につけることはあっても、耳朶へ指を運ぶことがなかった。ところが、本を読んでいてそういうシーンが出てきて、そういうものなのかと思って、それからいつの間にか熱いときに耳朶に指をもっていくようになりました。こうしたジェスチャーも、文化の違いによって、あるいは言語の違いによって多くの違いが生じます。なぜ耳朶に指をもっていくのかといえば、そこがいちばん温度の低いところだから自然にということではなくて、やはり文体、前例を手本に教わって、そういうふうにするものだと思い込まされて、そのように振る舞っているだけなのです。

いま一つの例を挙げれば、薬指という名前が、第四指についています。この指の名を自覚すると、それまで人差し指（第二指）でクリームをつけていた人が、薬指をつかうようになるということもあります。

結局、言葉というものは、ある種のフィクションをつくるのです。これは一種の迷妄だといってもいい。言葉というのは迷妄であって、われわれは世迷言《よまいごと》の中を生きています。その世迷言を通じてまた新たな世迷言、新たな嘘ッパチをつくり出すということを繰り返しているのです。

かつて古代宗教国家の時代には、神様がわれわれを創ったと考えていたけれど、やがて神様はいないということになります。そのように世迷言を受け止めていきながらも、そこに何らかの異和感を感じて、新たな世迷言である言葉でそれを解体していくという永久運動が、おそらく言葉というものの実体なのでしょう。それを生きるのがまさに人間というものであって、その人間は「言葉する」存在であるとすれば、人間自体が迷妄でありフィクションであるというところまで行けるのではないかと思うのです。

日本文化論という試み

さて、「日本人」というのは、近代的にいえば日本国籍を有する人です。したがって日本の国籍さえ取れば日本人だということになります。それはその通りです。しかしなにかそれだけでは規定できないニュアンスが「日本人」という言葉にはあります。むしろここでいう「日本人」というのは「日本語人」「日本語を使う人」と考える方がよいでしょう。その日本語人が日本文化とは何かを絶えず問うということを続けてきたとすれば、それは日本語が生み出すフィクションに異和感があるからではないでしょうか。ではその異和感はどこから来るのかというと、先ほどもお話ししたように、和語と漢語の両方から成り立つ日本語の二重性に起因しているということになります。

ここに少々誤解があるようですが、和語のほうだけが日本語ではありません。普通には和語の側を日本と考えて、漢語の方は唐《から》である、中国であると考えがちですが、そうではなくて、日本語というのは、この両者が表裏一体になっている言語なのです。そのため、自分自身が使っている言葉が和語の側に振れたり、漢語の側に振れたりするわけで、しかもそれが整合性のないまま振れざるをえないのです。そこにどうしても異和感が生じてくる。これが日本人に、日本とは何か、日本人とは何かという問いを絶えず強要してくる要因になっているのではないかと考えるのです。

以上のようなことを前提として、さてそれでは日本文化論というものを、どういうふうに整理することができるでしょうか。

日本文化論が盛んにいわれるのは、戦前は一九三〇年代で、戦後では終戦直後の時期。ある程度社会が安定し、かつ否応なく世界を意識せざるをえない時期と想定されます。その戦前の日本文化論の一つに九鬼周造の『「いき」の構造』（一九三〇年）があります。

九鬼周造は日本文化の特徴を「いき」という言葉に求め、「いき」がどういう構造をもつのかということから、まず異性との関係において「なまめかしさ・つやっぽさ」というような「媚態・色っぽさ」をもつといいます。さらに江戸っ子の気概を契機として、「意気・いなせ・いさみ・伝法」というような「張り・意気地」をもつというのですね。そして、そうしたすべての下地に「あっさり・すっきり」という「諦め・垢抜」があることを指摘し、「いき」を定義して「垢抜して（諦）、張りのある（意気地）、色っぽさ（媚態）」であるといっています。

こういう文化論があるかと思えば、谷崎潤一郎の『陰翳礼讃《いんえいらいさん》』（一九三三年）のようなものもありました。そこでいわれていることは、要するに暗がりのもつ無気味な静かさというようなものが東洋の神秘なのだということです。浅く冴えたるものよりも、沈んだ翳りのあるもののほうが良いのだということです。そういうものが日本の文化的な特徴であり、日本的な美の本質なのだといっています。

あるいは和辻哲郎の『風土』（一九三五年）。世界を三つの風土的な類型に分類すると、日本はモンスーン型に属し、このモンスーン型風土の一般的特質は「受容的・忍従的」ではあるけれど、日本はさらにそこに大雨・大雪の「熱帯的・寒帯的」特質と台風の「季節的・突発的」特質が加わり、この二重の風土的性格を有するというのです。

またルース・ベネディクトは、これは戦時中のアメリカの対日政策のための研究の成果ですが、戦後に刊行された『菊と刀――日本文化の型』（一九四六年）の中で、日本の文化は「恥の文化」であり、西欧の文化は「罪の文化」であるとして、それは日本人が義理（義務）と人情を重んじることから来ているといっています。また、日本人の幼児期における訓育方法の特殊性が、日本人の矛盾した二重性格を生み出す大きな要因にもなっていると指摘しています。

このような論がいくつもあるわけですが、これを少しずつ整理していくと、ある観点から整理しきることができると、私は考えています。

女偏の文化、縦書きの文明

たとえば九鬼周造の『「いき」の構造』というのは、基本的には和語に発する日本の文化の側面に光を当てています。女性誌、女性漫画、近年では女子会というようなものが盛んなのは日本の特徴であるといわれますが、女性が独特のかたちで登場する日本文化というものがあります。

女性誌など見れば、ちょっとカッコのいい料亭の女将さんなどが出てきてインタビューを受けたりしていて、まさに「いき」を地で行くような発言が見られたりします。そのへんのところを整理していくと、結局、比喩的にいえば日本文化というのは女偏《おんなへん》の文化であり、ひらがな＝女手の美学によって再生産されてきたものだということがわかります。料亭や旅館は女将が仕切っていますが、それは元をただせば平安の宮中の女房たちの集団の文化が根柢にあり、江戸の遊廓や近代の花街にまで繫がるような構造が横たわっているわけで、これは女手＝ひらがなつまり和文の文体による文化です。そして女手の文学が生み出した美学と文体が浸透していって、「いき」というようなスタイルを生んでいるのではないかと思うのです。

谷崎潤一郎の「陰翳」ということから私などが思うのは、縦書きの文明ということです。異論もあるところだとは思いますが、「書」の歴史を確認しながら東アジアの歴史を考えていくと、中国の秦の始皇帝時代に古代宗教国家の神話の時代が終焉します。

文字学の白川静さんが研究してこられたことは、中国における文字の成り立ちというものを通して、この古代宗教国家がどのような神話構造で成り立っていたかを明らかにすることでした。白川さんの仕事が凄いのは、二千年来忘れられていたこの古代宗教国家の神話世界を鮮やかによみがえらせて見せてくれたことです。

その神話世界が紀元前二二〇年頃に消えます。もちろん幾分かは残滓《ざんし》を留めているのですが、漢の時代になると、もうそれがわからなくなります。

古代宗教的な神話時代が秦の始皇帝の時代で終わって、以後はたんなる文字の時代になります。何度もお話ししたことですが、王というものは鉞《まさかり》に象徴される、だからどのようなかたちであれ、鉞を表しているのだと識別できるように描かれてあれば王を意味するのだという古代宗教段階から、「王」という文字は四本の線（字画）で表されるという脱宗教段階に至ります。要するに文字（漢字）は、ここでたんなる政治的な言葉に対応するものへと変わってしまったのです。このときに東アジアは古代宗教段階から抜け出て、神が人間を創ったというような神話から基本的に解放されます。むろん以後も、それに類した思想や運動が小さく出てくることはありますが、構造的には脱しました。東アジアは、完全に宗教なき時代に入っていくのです。仏教はどうか、儒教もあるではないか、道教は、神道は、ということになるかもしれませんが、これらは要するに、ユダヤ教、キリスト教、イスラム教のような宗教とは違います。これらから見れば、いわば学問であり、知識であり、倫理であり、道徳にすぎないと考えられます。

言葉・文体と文化

この、宗教なき東アジアは、宗教に代わるべきものを生み出します。それが書字《しょじ》、つまり文字を縦書きするということです。天地神明に誓って文字を縦書きする。横書きではそこに天を感じることができませんから駄目なんですね。天からの垂直の重力を受け止めながら縦に書くということが、東アジアにおいては、宗教に代わる。人と人との、共同体と共同体との約束の保証になるのです。それは、書かれた文章が証拠として残るから保証になるというようなことではありません。いってみれば、東アジアでは縦書きで文字を書くということが一種の宗教である、要は「書字教」です。

ここに生まれた書というものは、実は陰《かげ》によって成り立っています。文字が金石《きんせき》に刻されたとき、刻された文字は光の届かぬ陰として成立しました。つまり、書における墨というのはたんなる黒い色なのではなくて、あれはいわば陰の色なのです。シャープペンシルで鼠色の芯で書いてあっても黒といい、ブルーブラックのインクで書いてあっても黒というのは、あれは黒ではなくて陰という色だからです。「陰翳《いんえい》」というのは書字、つまり書のシンボルです。「陰翳の文化」ということでは、私はこの「書字の文化」というものを感じるわけです。事実、谷崎潤一郎は晩年、毛筆を執って原稿を書いたんですね。

和辻哲郎の風土論に関して、山折哲雄さんに、寺田寅彦は地震を問題にするのになぜ和辻は地震を問題にしなかったのだろうかという問題提起があります。一つ考えられるのは、たとえば台風というのは循環的なものですから、その風土の中に住む人間を絶えず巻き込む。ところが地震というのは、いつ起こるかわからない突発的なものだから、和辻はこれを排除したとも考えられます。しかしもう少し考えてみると、こうした突発的なものまで日常化しているという、そういう文化もあるのではないかというところまで行く可能性もあります。

いずれにしても風土という問題は、——和辻自身はそうではないのですが——これをもっと敷衍して考えていけば、自然の美学であるとか四季の美学ということになり、これをさらに延長していって俗っぽくすれば、日本の自然は美しい、日本の四季は美しいというようなところに収斂していきます。日本では春には美しく花が咲き、秋には見事に紅葉する、それはたしかに美しいのです。しかしそれも、花や紅葉を美しいと見るフィクションの中にわれわれが身を浸しているから美しいのであって、そうしたフィクションの中にいなければ、必ずしも美しくはないのです。

花が美しい、紅葉が美しいというのは、どこかの時点で花や紅葉が美しいということが歌われ、語られ、書きとどめられ、それはもっともだと絶えず再生産されてきているからです。桜が美しいのは、日本では桜が美しいと歌われたから美しいとなるわけであって、たとえば中国であれば桃や梅のほうがはるかに美しいとされる。中国においては、桃や梅は美しいという文体が強く根づいているからです。そして景色、景観といったことも、美しいと思う方向につくっていくものです。ある強固な文体があって、その文体に合わせて植林をしたりして景色をつくっていくのです。

美しい自然などということをいいますが、純粋な自然などというものはないのであって、すべて人間の手が入っています。原生林が東北地方の一部、北海道の一部、あるいは吉野の奥あたりにあるのかもしれませんが、あとはいわば人間が美意識に合わせて育て上げ、つくり上げてきた景観なのです。原生林もそれを美として保存しているから残っているのです。

宗教、政治、文化

日本において、こうした美意識はどこからもたらされるのかというと、それはもう明らかに和歌（＝女手歌＝和詩）から来ています。これが四季と自然を歌っています。もちろん自然は中国でも歌われてきたわけですが、しかしそこではすべてに政治が絡んでいて、自然を自然として讃美するということはないと考えてよいほどです。したがって日本においては、政治は中国（漢詩）に任せておけばよかった。すると残余の部分には、あくまで耽美的な、あくまで美を美として詠うような、そういう詩が育っていく。つまり和歌ですね。そしてさらに、和歌の四季の部分を季語として定着させることで、俳句も生まれます。

政治的な部分を排除した日本の詩が和歌（＝女手歌）なのですが、これは一つには四季の詩になり、一つはとりわけ女性的な感性にもとづく性愛の詩になります。ちなみに、四季とは自然の性愛であり、性愛とは人間の四季と定義づけられます。日本の文学は、政治的なもの、抽象的なもの、あるいは宗教的なもののほとんどは漢詩・漢語に依存して、そこから排除された和詩・和語のほうは、もっぱら四季を歌い、自然の美しさを讃美し、男女の性愛の機微を歌い上げるということになります。つまり漢詩と和歌とは棲み分けているのです。

和辻の論で私が当たっていると思うのは、日本には宗教はなかったということです。仏教というのは宗教ではなく、いわば哲学、倫理であり道徳であるということが、和辻には見えていたのだろうと思います。仏教は日本においては、哲学、倫理であり道徳であるというようなかたちでしか根づいていないのですね。これは神道や、日本におけるキリスト教でも同じことです。われわれは、子供が生まれれば御宮参りに行き、チャペルで結婚式を挙げて、死ねば寺で葬式というような野放図なことを、当然のごとく行っています。

ルース・ベネディクトの「恥の文化」と「罪の文化」は、まさにこの問題です。西洋ではキリスト教の神に対する罪という垂直意識があるが、日本には宗教がないから罪という意識はない。罪に代わるものが恥という意識、要するに横にいる他者との兼ね合いに対する水平意識です。いまではずいぶん失われてきているようですが、まだ地方によっては根強く残っているのが、地縁や血縁にもとづく排他的な共同性です。「村八分」などというのが典型的な現象ですが、つまりだからこそ地縁の人や血縁の者に対して恥じないように生きていくという文化が生まれてきたのです。西欧では罪の意識は神に対するものであるから、時と場合によっては周りの人間と喧嘩もする。やらなくてはいけないことは、他人がどういおうとやるというスタイルになるのですが、日本では周囲を見ながら、隣近所の目を絶えず意識しながら生きるというスタイルになる。

血縁による共同性ということでは、中国などはとくに強いですね。出世した者が一人でも出れば、その血縁に連なる親戚の者がともに出世していくというような構造があります。それは東アジアにおける無宗教性ということと深く繫がっている問題であって、日本とも深く絡んでいるわけです。

日本文化を規定する構造

丸山眞男の『日本の思想』（一九六一年）に関して、日本の精神的雑居性というような問題、あるいは外来思想の受容というような問題は、日本の文化が漢語と和語の二重性に規定されているというところから、おそらく解いていけると思います。

土居健郎の『「甘え」の構造』（一九七一年）に見える「日本人は依存的な人間関係が社会的な規範に取り入れられている」ということ、これはその通りだと思います。そしてその原因をたどってみれば、日本文化の「女偏の美学」に行き着くと思います。「甘え」というのは、要するに母と子の関係に生じるものであり、そこには女手（ひらがな）によって日本の女性がつくり上げてきた日本語の文体が生きています。要するに、「ああ良い子ね」「よしよし」式の言葉が周りにいっぱいあるから、絶えず甘えの構造が言葉によって再生産されるのです。もしわれわれの周囲からそうした言葉がなくなっていけば、甘えの構造も自然になくなっていきます。河合隼雄さんの『母性社会日本の病理』（一九七六年）についても、同じようなことがいえると思います。

美術史では、谷川徹三の『縄文的原型と弥生的原型』（一九七一年）があります。その後、この論はいろいろな方向に展開します。たとえば岡本太郎に縄文文化讃美があり、梅原猛さんあたりにも縄文のエネルギーというかたちで受け止められています。その「縄文的」と「弥生的」という分類に関して谷川徹三は、貞観期《じょうがんき》——書でいえば三筆（嵯峨天皇・橘《たちばな》逸勢《のはやなり》・空海）の時代——の仏像と、藤原期——書でいえば三蹟（小野道風《おののとうふう》・藤原佐理《ふじわらのすけまさ》・藤《ふじ》原行成《わらのゆきなり》）の時代——の仏像を、前者を縄文的、後者を弥生的としています。あるいは桃山時代のダイナミックな障屛画——これには南蛮の影響があると思いますが——を縄文的とし、初期肉筆浮世絵の繊細さを弥生的としています。また、日光東照宮のあのキンキラキンの建物を縄文的とし、桂離宮の美しさを弥生的なものとして対比させています。焼物でいえば、瀬戸黒や志野や織部などの荒い焼物を縄文的とし、柿右衛門や京焼の繊細さを弥生的として対比しています。書であれば、白隠のズングリした太い書を縄文的、良寛のホッソリと痩せた繊細な書を弥生的とし、さらに北斎と広重を縄文的と弥生的に分類したりしています。

　しかし私は、こうした分類はいずれにしても、思いつきの域を出ていないと思います。たしかにこうした違いはあります。しかし、この違いは何から来ているのかといえば、それが女手の文化に比重がかかったものであるのか、より漢語的な中国的なものに比重がかかったものであるのかということによります。日本の文化というのは、この両方が組み合わさったものであり、そういう二重化した構造の中にあるということを示しているにすぎないのではないかというのが、私の結論です。

漢字、ひらがな、カタカナ

ここで少し、私なりに整理してみます。まず基本的に、日本文化が再生産されていくとき、それは日本語による言語生活を通じて行われています。日本語といっても「話し言葉」のほうではなく、「書き言葉」としての日本語によって、日本文化はより強く再生産されていきます。日本語というのは世界でも特異な、漢字とひらがな（女手）とカタカナという、三つの文字を駆使する言語です。そして、それはたんに三つの文字を使うというだけではなくて、三つの文体をもっているということを意味します。漢字文と漢字詩＝漢詩、ひらがな文とひらがな詩＝和歌、それからカタカナ文です。カタカナは、かつては漢字仮名交じり文の繋ぎの文字として使われたものが、近代においては西欧語の象徴として、西欧語を受け止める器として使われるようになっていきます。この、三つの文字から日本の言語は成り立っているということが、日本の文化を規定しています。これ以外のかたちでも日本文化というものを規定することができるでしょうが、しかし究極的には、漢字とひらがなとカタカナをもつという言語構造から、日本の文化に関してはすべていえるはずだというのが、私の考えです。

まず、漢字を用いることから、それは書字中心の、無宗教の文化であるということがいえます。先ほども少し触れましたが、儒教、道教、仏教、神道というのは厳密には宗教とはいえず、学問知識、あるいは倫理とか道徳といったほうがはるかに近い。そのため近代以降、宗教の周辺にありながら宗教ではないものとして、道徳、実践倫理というようなものが運動として起こります。多神教といわれるようなこうした神々は人間を束縛せず、ときどき祟《たた》るぐらいのことで、祟られたところで祓《はら》えばいいにすぎない。神の逆鱗に触れる、つまり神に対する人間の罪を神が罰するというような、厳密な宗教ではありません。いわば御都合主義な、つまりは無宗教だということになります。

漢字にかかわるものとして禅宗の文化があります。弧島に最初に入ってきたものは、いうまでもなく無宗教の漢字文化、政治文化ですが、蒙古が元朝を建てる中世になると、新たな漢字の文化を伴った禅宗が日本に入ってきます。ところがこの禅宗も、宗教とはいえない。中世の禅院というのは、いわば文官の政治機構です。大燈国師《だいとうこくし》・宗峰妙超《しゅうほうみょうちょう》など、いろいろな禅僧がいましたが、大燈の頂相《ちんぞう》（肖像画）などを見ても肥満で、われわれがイメージするような、厳しい修行に耐えた宗教者というような姿形ではありません。中世日本の禅院というのは、これは仏教集団ではなくて、儒教、仏教、道教が一緒になった三教一致の空間、要するに学問所であり、文官政治機構です。この禅院を通して入ってきた大陸からの食や住の生活習慣は、いまの日本人の基本的なところを相当に規定しています。文化でいえば「花」とか「茶」とかいうようなものは、中世禅院を通じて日本的な展開を遂げていきます。禅の文化というのは、宗教的ばかりでなく、政治的な空間であるというところを見逃すことはできません。

言語構造と文化構造

日本の文化の基本構造は、漢字と女手（ひらがな）という二重性の上に成り立っている。これはそのまま日本語の基本的な言語構造であり、また日本文化の雑種性を物語っています。近代以降ではさらにカタカナを西欧語に対応させることによって、いわば日本語は三重言語を生きています。しかし、ただたんに三つの言葉から成り立っているというだけなら、そのような言語はたくさんあるわけで――英語の語彙の四割はフランス語から来ているというようなこともあります――、ピジンやクレオールなどのように言語が交じり合うというのは珍しいことではありません。ただ、ここで重要なのは、日本語が三重言語で成り立っているということが、文字の違いによって、目で見て実感的に区別することができ、かつ三つの文体をもつということです。

たとえば「パソコンを打つ」「天地神明に誓う」という文章があるとして、「パソコン」といえば、これは西欧の言葉であるということを絶えず意識させられ、「天地神明」といえば、これは大陸から来たものであるということを絶えず意識させられます。そして「打（うつ）」や「誓（ちかう）」というのは、その文字は中国から来たものだが言葉自体は漢字の訓よみつまり和語であるということが意識されるのです。

それからさらに――ここが大事なところですが――、「日本の文化」というとき、多くは女手（ひらがな）がもたらした文化をあげつらうことであるということです。その曲解はどこから来たのかといえば、「和」を「国」と言い換えたところから来ています。「和文」を「国文」というときの「国」というのは、現代の学者がいうような意味での「国家」ではありません。いわば「漢委奴国王《かんのわのなのこくおう》」というときの「国」、お国はどちらですかというようなときの「国」で、本来、大陸を含めた東アジアの一地方というぐらいの意味です。その小さな一地方でできた文字が「国字」、たとえば「峠」とか「畠」が日本でつくられた文字、「国字」です。

ところが東アジアの一地方としての国という意味のこの「国」が、ややこしいことに、近代日本国家というときの「国」と交じり合って、「国文」や「国史」を「日本語文」、「日本史」と誤解していったのです。

『国歌大観』という書物がありますが、これは「国歌大観」ではなくて「和歌大観」とすべきです。日本でできた女手の歌、和の歌を集めたものです。「国史」というのも微妙で、日本国の歴史をきちっとやるとすれば、「漢」と「和」の両方を含めた歴史にならなければならないのに、「国史」というから「和史」にとどまるわけです。そうすると、漢詩・漢文のさかんな時代は「国風暗黒時代」という奇妙な規定になる。「和」の側に寄っているからです。逆に和歌・和文のさかんな時代は、「国風」が花開いたという表現にもなるのですね。国風暗黒も国風開花も、漢詩・漢文がさかんだったか、和歌・和文がさかんだったかという以上のことではありません。

なぜなら、日本語は、漢語と和語の両方で成り立っています。和語・和文・和歌（和詩）という女手＝ひらがなを中心にした文化が一方にあり、もう一方には漢語・漢文・漢詩の文化があり、なおかつ漢語と和語を混淆した漢字仮名交じり文という言語を生きてきたからです。それが明治以降、さらにややこしくなる。いま触れたように、「国語」といえば東アジアの一地方語なのですが、近代以後、フランスに始まる「国家語」の概念と、この古くからある「国語」という概念が交じり合って、議論が非常に錯綜してくるわけです。

要するに、「国文」や「国史」というような言葉は、正確に言い換えて使ったほうがいい。「国文」は「日本文学」、「国歌」は「和歌」とする。「国史」も「日本史」とすれば、「漢」という東アジアとの共時的側面もきっちり日本の歴史の中に入り込んできます。これが提示されないがために、「国文」も「国史」も「国語」も捩《ね》じ曲がった状態になっているわけです。

日本文化論の彼方

普通にいう日本の文化は女手＝ひらがなの文化、つまり和語・和文・和歌（和詩）がもたらした文化の別名であることが多い。その女手がもたらした文化の第一に挙げるべきは、先ほどお話しした四季（自然）の文化であるということであり、それは政治を排除したところに生まれた文化です。第二に性愛の文化、母性の文化、色事の文化です。これは女手文が主に女性の書き手によって担われたことから、女性的な視点が文化の一方の側に強力に入り込んだということです。

　第三は、きわめて具象的な文化であるということです。日本の文化構造では、抽象的な表現は漢字・漢語のほう、たとえば仏教哲学とか儒教の朱子学とか陽明学とかに依存せざるをえません。それでは女手は何を担うのかというと、絵画的なもの、たとえば漫画もそうです。そこでは絵と文字が一体化するというようなことが起こります。古くは空海などが中国から雑体書《ざったいしょ》という絵画的な書をもたらしますが――実際に日本で発達するのは女手であるのですが――、絵と文字とが一体化したような文字も出てきます。たとえば「」のように、葦の葉のようなものを頭に書いたひらがな、文字が絵に化けたような仮名ですが、これを「葦手《あしで》」といいます。また散らし書き、分かち書き、返し書き、さらに見せ消ち、重ね書きなどの絵画的な書法は、女手に特有のものです。

　四季と、性愛・母性・色事と、それから具象（絵画的）、こういう文化が女手によって担われたということになりますが、しかしそれが日本文化のすべてではありません。日本語は基本的に抽象表現が苦手だといわれますが、それは女手がそれを苦手にしているということにすぎません。日本語というのは漢語を使わないと抽象的表現ができません。したがって日本語においては、漢語を的確に使えるようにすることは非常に重要なことになります。

このように私自身の日本文化論の基本を規定したうえで、私はさらに日本文化論の彼方へ行きたいと思っています。柄谷行人さんが『〈戦前〉の思考』（二〇〇一年、講談社学術文庫）の中で、「世の中には、いろんな『日本人論』があります。日本的心理とか、あるいは日本的な思考といった事柄があれこれいわれていますが、そういうものは重要ではないと、私は思っています。むしろ、それは、漢字仮名交じりという表記法に由来する問題だと思うのです」と書いています。文化の問題を表記法から来ると見定めたこの論は秀逸です。日本文化の問題は、漢字・漢語・漢文体とひらがな・ひらがな語（和語）・ひらがな文体（和文体）の問題として考察されるからです。

さらに解かれるべき問題、これは私が著した『日本書史』（二〇〇一年、名古屋大学出版会）に対する吉本隆明さんの書評の中に出てくるのですが、一つには日本語の歴史というものを、十万年というような単位で考えたときにどうなるのかというような設問です。また、日本語はすべての音《おん》が母音で終わる開音節であり、膠着語であるという前提がありますが、これらの前提は確定的なものではなく、さらに相対化できるだろうと考えます。

言語構造による分類

世界の言語を形態に応じて分類すると、三つないし四つに分類できるといいます。

まず孤立語。漢語をずらずら並べたような、ただ単語を並べて成立する、語形変化のない言葉です。中国語がそうで、チベット語、ベトナム語、タイ語もこれに属するということになっています。

それから膠着語。日本語のように、単語同士を「てにをは」で繋いで文章にしていくというもので、「てにをは」がニカワのように単語をくっつけてゆくということから膠着語と呼びます。日本語をはじめ、朝鮮語、蒙古語、フィンランド語などがこれに属します。

これに対してインド・ヨーロッパ系の言語は屈折語といい、語形変化をもちます。ある単語が次に来る単語に応じて、主に語尾が変化していくのです。

そして次に――これはもう笑うしかないのですが――、抱合語といって、単語と文の区別がない言葉があるといいます。みんなくっついていて、全体が一つの文章あるいは単語であるかのような言語で、アメリカ先住民などの言葉が、こういう構造になっているというのです。アイヌ語もここに分類されます。

しかし、これは要するに調査に入った学者が聞き取ることができなくて、分析できなかったというだけのことです。現地で話されている言葉を、ここからここまでが語根で、これがこう活用したとか変化したとかいうようなことは、文字を所有している側が自分の文字を前提に接近して聞き取ろうとするわけですから、そう簡単に分析できるわけがないのです。

こうした言語分類の中から、いくつかの謎が出てきます。それは、なぜ孤立語は中国とその周辺のみにしか分布していないのか。それからもう一つ気がつくことは、孤立語の周囲を膠着語が取り巻いている謎。孤立語というのは何かというと、つまり「孤立字」なのです。文字の問題なんですね。実際には孤立語ということではなくて、「〈孤立字＝漢字〉語」、つまり漢字の問題なのです。

語形変化をしない漢字を並べていく言語、それが中国語と称するものです。中国の影響下にある周辺の地方は、この「文字（を伴った単語）」を取り入れていきます。大陸からもたらされる漢字・漢語のほうが圧倒的な語彙数をもち、圧倒的な政治力、抽象力、表現力をもっていますから、受け容れざるをえません。そして、それを取り入れて消化しようとするときに、大陸内の漢字に近いところの言語は、漢字＝漢語に呑みこまれてしまいます。ところが、周辺部では異和感が生じ、単語はそのままにしておいて、単語と単語を繋ぐ工夫を編み出していって、なんとかうまく使いこなそうとするのです。中国語に完全に取って代わられるというのではなくて、中国語（中国）と一定の距離を保つために、中国語の単語を借りながらもそこに繋ぎを入れることで、独自の言語をつくり上げていったのです。このようにして成立したのが膠着語、つまり日本語や朝鮮語というものではないかと、私は考えています。

では屈折語とは何かというと、つまりアルファベット、音写文字による言語です。発音される音を文字に写し込んでいった言語ということです。

はたして、このような漢語、大陸語との衝突と出会いによって生まれた「日本語」以前に、単一的な「倭語」とでも呼ぶようなものがあったのかというと、これは私はフィクション、非常に大きな神話ではないかと思っています。日本語の平板な発音を考えてみると、これはもう明らかにひらがなによって発音しています。日本でひらがなができる前に、アルファベットのような、あるいはハングル文字のような音素文字が開発されていたとしたら、日本語ははるかに朝鮮語に近い、あるいは中国語に近い発音になっていたはずです。現在、われわれが話しているこの平板な日本語というのは、どう考えても「ひらがな発音」を前提にしなければ理解できません。日本語と朝鮮語の発音の違いは、ハングルとひらがなの違いです。もしも朝鮮語が早くに日本語のごとき音節文字を発明していたら、日本語のごとき平板な発音になっていたはずです。このような観点に立って朝鮮語を注意深く聞くと、とても日本語に似ていることに気づかれると思います。

言語と文字

西欧言語学の影響下の言語学者がどういおうとも、文字というのは言語に内在するものです。西欧の言語もアルファベットができることによって固定されていったのであって、西欧にアルファベットがなかったならば、西欧のいまのような言語はありえません。孤立語、膠着語、屈折語というような言語の分類は、文字と言語との関係に生じたものであって、文字がその言語を支えているという構造を忘れ、文字は言語に内在的なものなのであるということを無視した、西欧的誤謬だと思います。

たとえば言葉を覚えはじめた子供であれば、「僕、行く、学校」でいいわけで、「行く、僕、学校」でも、「学校、行く、僕」でもかまわないわけです。これらは、助詞が入らない孤立語です。東京では「お父さん学校へ行かれた?」と尋ねても、関西では「へ」の助詞を省略して、「お父さん学校行かはった?」と尋ねます。日本の中でも関西は、わりあいに助詞が入らない孤立語的な地帯です。要は、単語を並べれば意味は通じるのです。日本語は「てにをは」が難しいというのは、「てにをは」が文章をより厳密にするからです。単純な意味だけを伝えるのであれば、少々「てにをは」がズレていてもかまわないのです。即興の会話で、助詞を間違うことは日本語ではしばしばです。どのような言葉も実は孤立語的なのであり、そして屈折語的、膠着語的、抱合語的でもあります。だからどこの国でも、幼児は孤立語的な話し方をするのです。

たとえば「僕は学校へ行く」というとき、これを「僕・は・学校・へ・行く」という単位でできていると考えれば膠着語ですが、「僕は・学校へ・行く」としたときには、「僕」という孤立語が主格を表す「僕は」に、「学校」という孤立語が方向を表す「学校へ」に変化したのだと考えれば、これは屈折語だともいえます。要するに欧米語と同じじゃないかということになります。また――これは西欧の植民地主義的な、帝国主義的なスタイルが裏から透けて見えてくるのですが――抱合語という分類についていえば、たとえば「ぼくはがっこうへいく」とか「ぼくがっこういく」というように、間を離さず、しかも漢語を使わずに耳で聞いたとおりに書き留めれば、日本語も抱合語だということになりかねません。つまり、上記のような言語分類というのは、深い分析を放棄したところに生まれた文字成立後の分類にすぎません。

ここで何をいいたいのかというと、一つには大陸の中国語と称する言語は、もともと大陸各地方に存在した膠着語的でも屈折語的でもあるような諸語が、漢字という文字によって統一されて、孤立語化し、ひとかたまりのものになっているにすぎないということです。この認識を前提とすれば、日本、中国、台湾、韓国・朝鮮、越南の言語は、基本的な部分では漢字、漢語で共通していますから、そこに何らかの共通する枠組みを考えることができます。日本、中国、台湾、韓国・朝鮮、越南というような近代的枠組みを超える視点で現在を相対化することによって、この近代的枠組みの彼方へ歩み出せるのではないかと考えるのです。

最後の結論として、日本文化論というのは、喩えればラーメンかカレーライスであるといえます（笑）。ラーメンはえらくブームになってから久しく、よくテレビでも採り上げられ、特集雑誌なども売れているようで、これはカレーライスも同様です。ところが、ラーメンやカレーライスというのは、これを追求していっても何の基準にも行き当たりません。ラーメンというのは中国料理ではないので、これを一所懸命に追い求めたところで、どこにも答えがない。博多へ行っても、北海道へ行っても、これといった基準に行き着かない。つまり、明確な起源や根拠がありません。もちろん中国的麵がベースになっているわけですが、そこにこちらの雑多なものを次々に加えていくことで日本人の口に合わせていったものですから、そこには基準、何らかの中心というものがないのです。カレーライス——本当はライスカレーのほうがいいと私は思うのですが——も同じです。インドに行ったところで、日本のカレーライスの何かがわかるわけではない。

つまり、これぞという起源、基準、中心が見つからない。だからそこでは、どんなことをやっても許されるわけなんですが、どこまで行っても満足できないし、またどこへ行っても満足するのです。

日本文化論というのは、そういうものではないでしょうか。当たらずといえども遠からずで、真の解というものはない。

ただ私が定義したいのは、日本文化は漢字とひらがなとカタカナから生まれているのだということです。そのスタイルによって、日本の文化は規定されています。したがって、たとえば「書く」ことが減っていって漢字が使われなくなる、あるいはカタカナの部分が肥大していくということであれば、そうした状況に合わせて日本の文化というものはかたちを変えていくことになるでしょう。

第四講　日本文化論再考

なぜいま日本文化論なのか

日本文化論は、明治以降現在に至るまで、繰り返しいろいろな人たちによって語られてきました。一九七〇年代半ば以降は急速に国際化が進んできたわけですが、世界が互いに近づいてきた時代の中で、なぜいまさら日本文化論かと訝《いぶか》しく思う方もおられるかもしれません。しかしそれは逆です。日本文化がいったいどういう特質をもっているのか、どういう根拠によってその特質が生まれてきたのか、国際化が進むがゆえにこそ、それを明瞭に自覚し知っておくことが必要だと思います。

それは、よその国の文化に対して驚かないということでもあるし、あるいは、こういうところが違う、こういうところは学ぶことができるのだと気づかされることでもあります。あるいはまた、こういうところはやはり将来に向けて払拭していかなければならないというように、それを知ることでいろいろなことが考えられるようになるはずです。

そういうことを知らずに、いわば無手勝流で世界と接すると、よその国の人の方がかえって日本のことをよく知っているとか、あるいは、日本のこんな文化には耐えられないとか、逆に、やはり日本がいちばんいいというような不毛な結論で終わってしまう危険性があります。

そうではなく、日本文化はこういう特徴をもって、その根拠はここにある。また、あの国の文化はこういう特徴をもって、その根拠はここにあるから、明らかにそれは違うのは当然だと寛容にもなれます。このように問題を解決していくことで初めて日本文化がリアルに見えてくるのではないかと思うのです。

それではその日本文化はいったいどのように総括できるのかというと、日本文化は特異である、よその国の文化とはやはり相当違うのだと結論的にいっていいと思います。実はこの、世界の文化と比べたときに非常に特異であるということが、日本文化論が絶えずフツフツと泡を吹き出してくる理由になっています。

日本文化論、あるいは日本人論をテーマにした著書は、心理学者の南博さんの本によると、明治以降すでに千数百冊出ているということです。一般的にいって、一つの国の文化について、その国の人たちが、自分たちの文化がどういうものかということをテーマに、わずか百年くらいの間に千数百冊も次々と論考を出していることは極めてまれな現象です。

それはどこから来るかというと日本文化が特異であり、よその国と相当違うということがまずいえます。もちろん核心的なところは世界共通です。食物を食べて、服を着て、家に住まい、子供を生み育てる——。そういう基本的なところは、無文字時代からあらゆる人間のどんな社会においてもありうることで、そこは共通ですが、細かなところを分析していくと、文化というレベルではそのありようは明らかに違っているのです。

日本文化を支えるものは日本語である

それではその違いはどのようにしてできるのか。それを次に考えてみます。

日本文化はどのように支えられているかというと、これは伝統というものがどこかに重くあって、それがいつもその姿をさらしてくるということではなくて、これを担う人たちの日常不断の営みが毎日毎日、時代貫通的に繰り返されているからこそ永続していくのです。伝統もそうです。長い歴史の中で、そこに生きた人々がそれを日常的に支えつづけてきたものです。もちろん変質もするでしょうけれども。

さて、日常不断の人間の営みというのは何かというと、これは、言葉に支えられたところの生活のスタイルです。このスタイルを文体とイコールで考えてみたいと思うのですが、生活のスタイル＝文体は言葉によって支えられています。言葉によって支えられた生活のスタイル＝文体が文化あるいは伝統を支えています。ということになれば、日本文化は何によって支えられるかといえば、日本語によって支えられるということになります。

日本語が実は日本文化を支えてきたのです。日本語のあり方は日本文化のあり方とほぼイコールです。だからこそ日本文化の問題は、日本の言葉の問題として考察することが可能です。

日本語の起源はどこに

それでは日本語とはいったいどういう言語かということになります。確かに西欧の言語学が入ってきて、音韻つまり声とその文法の側から日本語はどういう言語かということが分析され、現在ではアルタイ語の一系統という結論に至っています。要するに音の側から考えられてきたのです。その営みが無駄であったとは思いませんが、実はここに大きな欠落があります。日本語はアルタイ語の一種で、中国語とは違う膠着語であるといってみたところで、日本文化の特徴は一向に明らかにならないし、日本の文化的な特質は特異であるという結論を出しましたが、その結論が解き明かされるわけでもありません。

言語というのは、言《はなしことば》と文《かきことば》の統合としてあります。言《はなしことば》だけで言語があるわけでもないし、文《かきことば》だけで言語があるわけでもないのです。

ところが、これまでの西欧の言語学は、文《かきことば》は言《はなしことば》を書き付けたものにすぎないとして、言語学の対象は言《はなしことば》でいいとして、その考察だけでつくりあげてきたのです。

それには理由があります。なぜそういうことになるかというと、西欧の言語はアルファベットでできているからです。アルファベットというのは発音記号のようなものです。そこで言《はなしことば》を定着したものが文《かきことば》だという、東アジアの言語からすれば当然首肯することのできない結論に導かれます。

このため、別段文《かきことば》を分析しなくても言《はなしことば》を分析すれば言語の構造はわかるということになります。したがって、文字の問題や書くという問題を抜きにして音韻と文法を言語学の対象としてきたのです。しかし文法は、文字ができることによって言葉の構造が定着してくるのですから、本当は文字がないと確定できないはずです。

西欧の言語学は、アルファベット諸語の違いをいうために生まれてきました。西欧語ではアルファベットという文字の枠組み自体は同じですから、文字の問題はいちおう括弧に入れることが可能であり、そこに、文字の問題をすっかり捨象した、音韻と語順と文法の言語学が生まれたのです。

西欧では、音韻と語順と文法の言語学ができ上がってしまって、近代以降の日本の言語学もほとんどすべてがそれに依拠するわけです。この言語学で分析していくと日本語は中国語とは全然違う言語ということになります。なぜなら、日本語には助詞のたぐいが入っているのに対して、中国語にはそれがほとんどないからです。中国語は単語を並べていくような単音節の孤立語だということで、膠着語である日本語とは全然違う言語だと解されたのです。

それでは日本語のルーツはいったいどこにあるのかと起源発見競争が始まりました。中国のまわりにあるアルタイ語系の言語とどうもよく文法構造が似ているということになり、日本語も朝鮮語もモンゴルやツングースのようなアルタイ語系の言語の一種ではないかと考えられるようになり、それらのいずれかの地方に日本語のルーツを考える説がいろいろ出されてきたのです。言葉の使い方、あるいは語彙が似ているということで、大野晋さんは南インドのタミール語に日本語のルーツを求めました。

しかし、これはもうみなさんお気づきでしょうけれども、要するに浪曲の「寿司喰いねえ」の森の石松ですね。「誰かひとり忘れちゃいませんか」と。大政や小政の話は出てくるけれども、もうひとり肝腎の森の石松のことを忘れてはいないかといいたくなります。ここでの森の石松は中国です。日本語のルーツは大きく捉えてしまえば、中国語であるといってしまっていいと思います。現在の日本語の語彙の六割近くが漢語に依存していることからいっても、また、中国語が、もともと孤立語であったとは断言できないことからいっても、別段、中国をとびこしてアルタイまで行かなくても、また、わざわざインドまで行かなくとも——むろんインドの文字はひらがなのような音節文字ですから共通性は多いはずですが——、中国の言葉にルーツを求めておけばよいと思います。

文《かきことば》から日本語を見直す

言葉というのは言《はなしことば》と文《かきことば》から成り立っています。したがって、文《かきことば》を抜きにして言《はなしことば》だけで言語を考えていけば実態に即さない言葉しか見えてきません。現実に即して日本語を考察していくと、ここに文《かきことば》が大きく浮かび上がってきます。

文《かきことば》から日本語を見直してやると、なるほどこれは世界に特異な言語であるということが容易にわかります。真理というのは極めて単純なものです。はっきりわかってしまえば、何だそんなことかということになります。常識的なところに収斂して、みんなが納得できるものが真理です。ややこしくていくら考えてもわからないようなものは、やはり真理からは遠いことが多いものです。

日本語がどう特異かというと、漢字とひらがなとカタカナという三つの文字を使うということです。こんな言語は世界にありません。最近使わなくなってきていますが、いまのところ二つの文字を使うのは、韓国と北朝鮮の言葉で、これは漢字ハングル交じりです。それ以外は、一つの言葉が何種類もの文字をもっているということは基本的にありません。アルファベットならアルファベットだけです。ところが日本語は、漢字とひらがなとカタカナでできているのですから、これは極めて特異な言語です。

以前、中国を旅してきましたけれども、日本人が中国へ行くと、漢字が簡体字なので変な字だとよくいいますが、新聞などを見れば簡体字とはいえみんな漢字ですから、字面はやはり綺麗に揃っています。日本語の場合、新聞でも本でもいいですが、漢字があって、ひらがながあって、カタカナがある。要するに三種類のものが入っていますから、どう見てもこれは美しくはなりえない構造にあります。

英字新聞なども、もちろん外面だけの印象ですが、パッと見ると綺麗にラインが並んでいて、どこにも入り込む余地のないぐらいの緊張感をもったレイアウトを可能にしています。それに対して日本の新聞は、濃いところ、つまり漢字のところと、薄いところ、つまりひらがな・カタカナのところがあって、統一感に欠けます。

日本人は中国の字は変な字だというけれども、よその国から来た人は、それ以上に日本の字は変な字だと思っているに違いありません。画数の多い黒い字があるかと思うと、薄い丸い字がある。そうかと思うと、もっと薄い直線的な字もあって、三種類の字が入り乱れている。これが日本語の実態です。

三種類の文字を使うということに日本文化のすべての問題は隠れています。いままでいろいろな人が日本文化についてさまざまな角度から語ってきました。のちほどその例を出しますけれども、いろんなかたちで語ってきたことが、実はよくよく考えてみると、漢字を使う、ひらがなを使う、カタカナを使うという、この三つの文字を使うというところから容易に解き明かせるのではないかと思うのです。

音語と訓語

ただしその場合、文字はたんなる記号ではなく、漢字は漢文・漢詩の別名であるし、言葉でいえば漢語で、漢語は日本語でいえば音ということになります。「山」という字があるときに、これを音で「サン」と読めば漢語系の読みになり、訓で「やま」と読めば和語系の読みになります。

だから漢字には、たんに文字であるだけではなく、漢文・漢詩の体つまり漢文体という意味、あるいは漢語という意味、また音読み、つまり音語であるというように、いくつもの広がりをもった意味があります。ただたんに漢字の文字を使うというのではなく、漢文脈の中の漢語を使うのです。それは要するに漢字という文字の片側の読み方であり、片側の捉え方であるということになります。それが一つです。

それからひらがなですが――これは別名女手《おんなで》とここでは規定しておきます――、そのひらがなに対応して、文章でいえば和文ができ、詩では和歌ができます。いわゆる国文といわれるもので、戦後間もなくから、英文科もそうですが、とくに大学の国文科といえばだいたい女性が進学するということで、圧倒的に女性が多かった。いちばん最初に女性が大学の専門的なところへ入り込んだのはやはり国文科だろうと思います。

それはなぜかというと、和文・和歌というのはひらがなで記されたひらがな文とひらがな歌、言い換えれば、女手文と女手歌です。ここに女性は非常に共感をもって入り込みます。『源氏物語』や『枕草子』等、書き手に女性が多かったということもあります。

ということで和文・和歌という文学形態が一つあり、それを支えるのが和語です。これは音語に対していえば訓語です。「山」があれば、これを「やま」と読むと訓語になります。これが和語の世界で、これを「サン」と読むと漢語の世界に広がり、つながります。「山川」を「サンセン」と読めばこれは漢語になり、「やまかわ」と読めば和語の世界になるということです。こういう言語はほかにありません。

英語でいえば「マウンテン・アンド・リバー」と一つだけですね。ところが日本語では、「サンセン」と「やまかわ」という違う世界が広がります。「サンセン」といえば、もともと中国にあったところの、中国語の世界に広がっています。「やまかわ」といえば、もともとは和語以前の倭の世界、それが整理されて、漢語に対応するかたちで和語が編纂されたと私は思うのですが、そういう漢語と和語の二つの世界があります。これはやはり驚くべきことです。

中国に行ったときに、たまたま銅像を見てきたので例に挙げるのですが、時代でいえば孫《そん》文《ぶん》と魯《ろ》迅《じん》のあいだぐらいの人ですけれども、日本に留学して、清朝を倒す革命運動に身を投じて三十一歳ぐらいで亡くなった秋瑾《しゅうきん》という女性がいます。王羲之《おうぎし》の赴任地である紹興《しょうこう》の出身です。その秋瑾の最期の言葉として伝えられるものに、「秋風、秋雨、人を愁殺す」という有名な一節があります。

「シュウフウ」と「あきかぜ」は違うのですね。「シュウフウ、シュウウ、人を愁殺す」と、「あきかぜ、あきさめ、人を愁殺す」とでは、やはり何か違います。しかし、英語でいえば「秋風」は「オータム・ウィンド」一つです。中国でも「秋風」は「秋風」一つだけです。ところが日本語には、「あきのかぜ」と「あきかぜ」があって、なおかつ「シュウフウ」がありますます。同じことのようではあるけれども、そこには微妙にニュアンスの違う言葉の広がりがあるのです。

ごく一般的にいえば、漢語系の読みは遠くにあって冷たい感じをもたらします。「シュウフウ」というと冷たくて遠い感じですが、それに対して「あきかぜ」というと、今度は温かくて近い感じを受けます。こういうニュアンスの違いをもちます。そのため日本語は繊細であって非常にニュアンスに富んでいる、日本文化というのはニュアンスに富んでいるということになるのですが、そのニュアンスの根拠はどこにあるかといえば、漢語系と和語系の読みを両方もつという、ここにあるのです。

同じことをいう場合にも二通りあります。われわれは発語の際に考えるわけです、どちらを選ぶべきかと。現在でいえば、いま短歌や俳句が非常に盛んです。ところが、日本人は庶民も詩をつくると西欧の人は驚きます。西欧では詩人が詩をつくるのであって、庶民は詩などつくらない。それなのに日本人は当たり前のようにして俳句や短歌をつくっている。それはなぜかというと、ひらがながあるからです。いまいったように、われわれが日常的に接している言葉が二重化しているからです。「はるかぜ」というと温かい、「シュンプウ」というと春の風には違いないけれども何かちょっと厳しい感じがするというようなニュアンスの違いを、われわれはごく日常的に区別し、感じて生きています。しかも俳句や短歌はひらがなの歌の系譜にあり、ひらがなはほぼ誰もが使えますから、五七五七七、あるいは五七五の音数律に乗せれば、いちおう短歌や俳句の体裁を整えるわけです。

一つのことをいうのにも距離感が違い、温度感の違う言葉を使い分ける――、これが日本語の一つの特徴です。日本人は非常に繊細で、表現がニュアンスに富んでいるといいますが、それは日本人が繊細であるというより、日本語の構造が繊細であるということにすぎません。

詩でいえば、漢詩が一方にあって、もう一方に和歌があります。和歌は平安時代の貴族階級の流れを受け、漢詩は仏教の影響を受けているといったところで実は何も明らかになりません。そうではなく、漢詩は漢字からできている歌で、和歌はひらがなからできている詩だということです。近代に入るまでは基本的にひらがなな詩が和歌でした。

もちろんひらがな詩といっても「花」とか「秋」とか「山」というような字は漢字を使っています。しかし、これはもうほとんどひらがなに近いかたちで使っています。漢字を使いますが、あくまでひらがなに呑み込まれたかたちで使っています。したがってひらがな詩が和歌です。

伝統的な書道は、漢字部門と仮名部門と大きく二つの分野に分かれています。漢字を使っているのに仮名部門というのはおかしいという人もいますが、漢字部門というのは漢詩・漢文を書く部門であり、仮名部門というのはひらがな詩・ひらがな文を書く部門のことをいっているわけです。和歌・和文を書いている人を仮名書家といいますが、むろんここでは漢字も使われています。

発音記号としてのカタカナ

それだけではありません。これがまた絶妙な日本語の構造で、もう一つカタカナがあります。これはまさに「片仮名」で、この「片」は「半端者」を意味する。まだ半分だけということでもあります。だからいわば半言語として発音記号のように使うのです。先ほどアルファベットは発音記号のようなものだといいましたが、アルファベットよりももっと発音記号性の高いのがカタカナです。ひらがなは違います。ひらがなはひらがなで書かれた文体があり、その表現が蓄積されているため、ひらがなも発音記号的ではあるのですが、カタカナで書かれるより発音記号性は弱まります。

カタカナはとても発音記号的です。たとえば、カタカナには正書体がありません。正書体がないということは、カタカナの手本を書こうと思っても何を基準にして書いていいのかわからないということです。手本を書く人は、しょうがないから、まあだいたいこんなものかということで適当に書いているだけです。

ところが、ひらがなの場合であれば平安時代の中期あたりの仮名が基準になっています。漢字であれば、楷書の場合なら初唐代の楷書が基準になっています。それぞれ根拠がありま す。このため、ひらがなと漢字は基準を手本に書けますが、カタカナにはそういうモデルがないのです。

カタカナが相当使われた時代、たとえば鎌倉時代の親鸞《しんらん》は「レ」という字を「し」と書いています。「礼」の省略形ですからこうなるのですね。カタカナの「ケ」は「箇」の字から来ているのですが、親鸞はこれを「个」というように上部を山形に書いています。

要するに正書体がない。だから、ここから文字として始まって、こういう蓄積があって、こういう状態に至っているということがいえません。そうであるがゆえに、カタカナは純粋な発音記号として機能し抜群の力を発揮するのです。

たとえば、日本に初めてコカ・コーラが入ってくれば――子音と母音を別々に書くアルファベットのような字を音素文字というのに対して、仮名というのは子音＋母音の荒っぽい音節文字ですが――、とりあえず「コカ・コーラ」とカタカナで置いておけば、これで音写的にいったんは受け止められます。

ところが中国ではこれができません。中国でこれをやるためには、「コカ・コーラ」を漢字に直さなくてはいけない。そこでみんな知恵をしぼるわけです。メーカー側もなるだけ商品イメージのよいものをと考える。カタカナで「コカ・コーラ」というと、これは基本的に中性的です。この表記自体に価値はあまり付いてこない。そういう意味でカタカナは発音記号的な、半言語的な性格をもっていますが、中国の場合にはどうなるかというと、結果的に「可口可楽」となるのです。

これは名訳です。みんな買います。だから中国人はコカ・コーラが大好きです（笑）。漢字まで行かなければ中国の場合は文字化できません。ところが日本の場合はそこまで行く必要がありません。「コカ・コーラ」でとりあえず置いておけるのです。人の名前でも、あるいは技術語の場合でも、漢字やひらがなでは受け止められない、翻訳できない言葉をカタカナにしていったん置いておくという受け止め方ができるのです。

日本語に漢字があることによって、いってみれば中国語の世界が全部理解できます。日本人はその気になれば中国を全部理解できます。白川静先生は中国の人たちが気づかないようなところまで、古代中国の宗教世界を体系的に解剖してしまいました。中国の人すら気づかないことをわれわれは理解できるのです。

もう一つ、漢語に対応してできた和語の世界の広がりが日本語にはあります。なおかつ、未知のものがどこかから湧き出してきたときには、カタカナでとりあえず書きとどめておくことができます。やがてその意味を漢字で受け止め直して、日本語の中にきちっと埋め込むということもできます。

漢字とひらがなという二つの広がりをもった世界と、カタカナという中間的に受け止めておくシステムを日本語はもっています。これが日本語の卓越した特性だと思います。

結論的にいってしまうと、日本語は漢字とひらがなとカタカナからなる言語であり、日本文化とは、漢字・ひらがな・カタカナが総合されたところの一つの文化であり、それを理解することによって実は大半の文化的なことは解き明かせます。

漢語の流入による和語の形成

それで、一つ注意を促しておきたいのは、古代の倭からつづく原郷日本というものが芯のところに流れていて、そこに中国から漢字・漢語がやってきて、それを含み込むかたちで日本語はできたという考え方です。この考え方が日本人の古代好きを促し、いつの間にかみんな縄文好きになってしまった。なぜかというと、弥生は大陸から来たのだから、日本固有の本当のものは縄文にあったはずだということになるからです。

そうではなく、イメージ的にいえば、古代倭の言葉はいくつもある。そこに中国から漢語をもった人たちが入ってくる。彼らは漢字を知り、政治と制度を知っています。高度な知識人であり、政治的活動家ですから、周囲を治めて、中国とは違うが、中国に倣った国を建てるのです。漢語のたとえば「山《サン》」という字が入ってきたとき、こちら側にはいろんな言い方があったことでしょう。ここからは寓話ですが、「むくる」とか「ぽこる」とか、何か膨らみをいうような言葉が土地によっていろいろありましたが、それを畿内地方を中心に整理し、これに「やま」という言葉を宛てたのです。選ばれなかったものは方言というかたちで日常的には使われるけれども、おおやけには「やま」と記されることによって、ここに和語「やま」ができたのです。

それ以前の、弧島側にあるさまざまな言葉を「倭語」と呼ぶなら呼んでもいいけれども、これは実体がよくわかりません。はっきりしているのは、漢字・漢語が入り込んできて、これに対して和語をつくったという事実です。もちろんもともとあったものも多いのでしょうが、なければそれに対応する言葉をこちら側でつくるのです。そういう過程をへて漢和、音訓の日本語はできたのです。

日本文化はあったのではなく、「漢」を基盤としてこれに対する戦略・戦術としてできたのです。日本語もそうです。こちら側に美しい古代倭語がもともとあったのではなく、漢語に倭語を合流させることによって、漢の世界に対応するような和の世界をこちら側につくっていったのです。

このように、あくまで日本は中国から独立してできたというイメージが、日本を考えるときに非常に大事ではないかと思います。古代から特殊な日本の素《もと》たる倭というものがあったのではなく、大陸からその圧倒的な政治的な強さ、高さというものに耐えられない人たちがこの島に集まってきて、それでもやはり政治的な国家にしなくてはいけないということで中国の真似をして律令制度などを整え、国を建てたのです。

さてそれでは、日本語の姿を、和語の世界に漢語が闖入《ちんにゅう》したということでないとすれば、どのように考えたらいいのでしょうか。「秋風」「秋雨」という漢語があると、これに対して音語では「シュウフウ」「シュウウ」、訓語では「あきかぜ」「あきさめ」というように対応させますが、これを漢文だと考えれば、「シュウフウ」「シュウウ」というのは漢語だけれども、そこに「ノ」を入れて、「秋ノ風」「秋ノ雨」というように開けばこれが読み下し、つまり釈文になり、「あきかぜ」あるいは「あきのかぜ」、また「あきさめ」あるいは「あきのあめ」とすればこれは訳文ということになります。漢文と釈文と訳文、この三つは、日本の漢文や漢詩の本を開くとかならずこの順番で記されています。訳に相当するのが和語だという構造が、漢文や漢詩の本を一冊見ると実感させられます。実はこのように日本語はできていると思った方がいいのです。

たとえば、先ほどの秋瑾の例でいえば、「秋風秋雨愁殺人」と漢字が並べてある。これが漢文です。それに対して、「あきのかぜ　あきのあめは　ひとを　ひどくなげかせる」というひらがなは訳文に相当します。ここで注目していただきたいのは、単語に対する音と訓の関係ではなく、ここには助詞が入り込んでくることです。「あきの」の「の」、それから「かぜと」の「と」、「あきの」の「の」、「あめは」の「は」、「ひとを」の「を」というように。したがってひらがな＝和語は、漢文の訳語でもあるという関係に位置づけられます。

それではカタカナはどういうものかというと、翻訳途上の中国語であり、これは漢文訓読体に相当します。たとえば「秋風、秋雨、人ヲ愁殺ス」と、「ヲ」を一つ入れて、最後に「ス」という動詞をつくる言葉を補えば訓読体になり、これがカタカナ語の文体に相当します。

ことになります。

この三文字、三語、三文体が、日本語においては棲み分けています。日本語を分解すると三つの言語が見つかります。裏返せば日本語は三つの言語から成り立っているということにもなります。

三つの言語の棲み分け

漢字＝漢語＝音語＝漢文体は何を担うかというと、基本的に政治と思想の表現を担います。和語でも、漢文を翻訳するようなかたちで祝詞《のりと》をつくっていますが、長ったらしいだけで政治的実用には堪えません。要するに政治や思想、仏教思想などもそうですが、それらは漢字＝漢語＝音語＝漢文体に基本的に依拠しています。

この漢字＝漢語＝音語＝漢文体はどういう言語かというと、断言の言語、つまり言い切りの言語です。いちばん最初にお話ししたようにそれは単音節孤立語、つまり一字が一つの音節で、それ自身が一つの意味をもっている言語です。

中国へ行ったときに、上海博物館が仕入れた最善本の『淳化閣帖《じゅんかかくじょう》』を展示しているということだったので、見にいきました。これが大したもので、『淳化閣帖』はいままで私が考えていたのとは相当レベルが違うものだということがわかりました。

それはともかく、この上海博物館の表に掛けてあったスローガンが嫌味といえば嫌味なのですが、「愛我中華」と書いてあったのです。日本語に訳せば「我が中華を愛そう」とか

「我が中華を愛す」ということになると思うのですが、注目してほしいのは「愛」のところです。日本語の場合は「愛す」とか「愛そう」とか「愛します」とか「愛しちゃう」とかいうような助辞の違いで、意味が少しずつ違ってきます。先ほどいった微妙なニュアンスの違いが助辞の部分で表現されます。

ところが、中国語ではこのニュアンスはほとんど消えてしまって、あえて訳すとすれば「我が中華を愛そう」というようなことになる。細かな意味は限定されることなく、漠然とした表現になっているのです。それは英語の「love」でも同じことです。日本語は「love」では終わらずに、「愛します」とか「愛しちゃう」とかいうことでニュアンスが幾通りにも変わってきます。

たとえば東京の国立博物館の前にこういったスローガンを掲げるとしたら、最後のところはどうなるでしょう。「我が日本を愛そう」と「そう」ぐらいになると思いますが、中国語の場合それが曖昧なのです。要するに助辞がなく詞しかないからです。

日本語の場合、「愛しちゃうんだけどさあ」と来て、「でもね」とかいうことで次々と膠着して違う方向にずっとつづいていくということもあります。つまり曖昧であり、よくいえば微妙であるし、断言を避ける言い方にもなります。中国の場合はほとんど断言です。もうこれしかないのです。中間体がない。日本の場合には中間体がいっぱいある。「愛す」と「愛さない」の中間に、日本語の場合は微妙な波形がいっぱいあって、「愛す」と「愛さない」

を両方含むような表現まで可能なのに、中国語はどちらかでしか表現できないのです。

よく例に出しますが、乾杯がそうです。中国で乾杯といえば、かならず杯を乾します。もちろんいまは、そういうことがだんだん少なくなってきているのですが、基本的には飲み乾す。日本では、たんに乾杯という一つの合図ですから、「乾杯」といって、口だけ付けて、飲まずにそのまま置いておいてもいいのです。「これを飲み乾すぞ」と断言するのが中国の乾杯です。もちろん現実にはそれほど単純でもないのですが、基本的にいうと、飲むか飲まないかというこの二つで押さえているのです。日本の場合だと、飲むことと飲まないことのあいだに微妙でさまざまな表現が可能です。

何がそれを受け止めているかというとひらがなです。「愛そう」「愛する」「愛せよ」「愛しはしない」「愛するぞ」「愛するわ」などなど、「愛」までは漢字ですが、そこから下はひらがな、つまり助辞がものすごく発達しています。よくいえば発達しているし、悪くいえば濫《みだ》りなのです。要するに助辞が爛熟し、ありすぎて、終わりのところでわけがわからなくなっている。言葉が乱れているとか、老人たちが文句をいうのは、みんなこの助辞、終わりの部分の表現に関することです。これが原因で喧嘩にもなります。

たとえば上司に向かって「あんたはね」とかいえば、「あんたとはおまえ、だれに向かっていっているんだ」ということになるでしょう。つまり「あんた」というか、「おまえ」というか、「きさま」というか、「おんどれ」というか、相手に呼びかけるのにもいろんな言葉があるのです。一人称でも、「わたし」「あたし」「わたくし」「おれ」「ぼく」「わい」などいろいろあり、二人称もいっぱいあります。英語でいえば「I」と「you」だけです。だからどちらかというと、やはり将来的には、このあまりにも煩雑な一人称、二人称は、整理された方がいいと思います。

ただひらがなというのは、カタカナ的な、発音記号的な文字の力も一方ではもっていますから、地方の言葉でも何でも、いったんそれが文字化されると、それがそのまま一般の言葉として流通することになってしまいます。

たとえば「おんどれ」という言葉は、関西の一部で使っていたのが、マンガの喧嘩シーンの吹き出しに使われ、テレビのアニメーションでも使われるようになると、あっという間に日本中に広がりました。普通はそういう言葉は文字化されないで方言や俗語や隠語として残っているはずなのに、ひらがなやカタカナがあるがために、容易に採言され、それらがそのままスッと書き言葉の世界の中に入り込んできます。裏社会の言葉もどんどん入ってきます。「シャバ」「タメロ」「ブッ」「トウシロ」などの隠語が、一般的な日常語の文脈の中に、厳密に翻訳されることもなく、直接入り込むことももたらします。

「愛そう」「愛する」というような先ほどの助辞についても、微妙で複雑な表現が可能ではありますが、それも正直に言い表すという功と表現を煩雑にする罪の両面があります。

性愛、四季、耽美——ひらがなが育てた表現領域

いちど戻ります。日本語は、三文字、三語、三文体が棲み分けています。漢字＝漢語＝音語＝漢文体は、基本的に政治と思想の表現を担い、それは断言の言語です。したがって厳密に定義付けていかなければならないような政治や法律の用語は漢語を使わなければ、和語で表現することはとうてい無理です。

次にひらがなは、和語であって、これは音語に対応する訓語です。漢字を媒介にして和語ができるのですから、漢字化されない訓語はそんなに多くはありません。最近は、「あきる野市」であるとか「さいたま市」であるとか、わざわざ漢字をやめてひらがなにしている地方自治体もありますが。

そうではなくて、私が以前住んでいた京都の方でいえば、たとえば「ポンポン山」というのがありましたが、これはちょっと漢字化されない。カタカナで書くしかない。こういう言葉は音に対する訓という関係ではありません。

和語といわれているものはたいてい訓の言葉です。漢字を媒介として、向こう側の音語に訓語として対応していると考えればいいと思います。

漢字＝漢語＝音語＝漢文体の方が政治と思想の表現を担うのに対して、ひらがな＝和語＝訓語＝和文体の方も一つの特徴をもっています。ひらがなは女手と呼ばれることによって女性にも開放されました。これは間違わないでほしいのですが、女性がつくって、女性が書い

たというのではなく、文字通り女性にも開放されたということです。

だれかが面白いことを書いていましたが、平安の女性が女手で恋文を書くと、それを受け取るのは男性ですね。そうすると男性は当然女手で返事を返したはずです。漢文で返すわけにはいかないですからね。だから、女が書いたということは、男が書いていても当然ということになるというのです。むろんこれは一つの理屈にすぎません。

日本のみならず漢字文明圏に独特の比喩意識として、間違いなく漢は男なのです。中国です。漢語・漢詩・漢文が男です。だから楷書体あるいは行書体の万葉仮名や漢字のことを男手《おとこで》といいます。それに対して、向こうが男ならそのペアとしてこちら側でできたものを女といわざるをえない。それでひらがなを女手と呼んだのであって、決して女性だけが書いたわけではありません。

しかし後宮の女性にも開放されたのですから、女性は政治にたずさわるわけではなく十分な時間があるので、どんどん書いていきます。女性は何にたずさわるかというと、夜のお勤め、つまり男性の相手をすることと、昼はそのための準備として手紙を書くのです。それが宮廷の女性たちの基本的な仕事です。手紙を書いたり、あるいは物語を書いたりということで、それで夜はめぐまれれば男性の相手をするのです。

実は、その後宮のかたちが町に出てくるのが、いわゆる花街、遊廓です。ですから江戸時代の花魁《おいらん》、遊女あるいは芸者といわれるような人たちは、浮世絵の中で文《ふみ》を読んでいたり、文を書いていたりする。そういう浮世絵が多い。美女の図があれば、十枚に一枚はかならず文に関わる図柄になっているといってもいいほどです。

そういうスタイルは、平安の女手にもとづく女性たちの生活が、宮廷から出て江戸の町のある決められた場所で再現されたということです。地方にもたくさんありました。戦後になってそれが廃止されたけれども、いまでは「フーゾク」と呼ぶまた違うかたちで残っています。いまは手紙を書くかどうかわかりませんけれども、そういう日本の遊女の世界は、西欧の飾り窓の女の世界とは少し違うようです。

それでは、ひらがな＝和語＝訓語＝和文体が担った表現世界とは何かというと、それは性愛と四季と耽美の世界です。結論的にいってしまうと、性愛というのは人間の四季です。人間の春夏秋冬が性愛の世界です。青春になると相手を求め、冬になればさようならをするというようなそういう人生のいちばん核になるところに男と女の愛の問題、性愛の問題がありますが、それは人間の四季の問題です。

それに対応する自然の性愛が実はいわゆる四季、フォー・シーズンズ＝セゾンです。だから日本人は自然を愛すのです。日本の自然は美しいといいますが、そんな馬鹿なことはありません。日本の四季だけがとくに美しいわけではなく、四季があるところは世界にいっぱいあります。

そうではなくて、それを美しいと言葉で書き、そういう表現がうずたかく蓄積されていて、その表現から学んだ眼を通して見るから美しいのです。紅葉が美しいというのは、紅葉が美しいという文体がわれわれに満ち溢れていて、われわれがそれを自分たちの言葉の中に組織しているから美しいのです。まったくそういうものとは無縁の、たとえば渋谷で遊んでいる子供たちに「紅葉」といっても、「うん、葉っぱの赤いやつか」ということで終わってしまうかもしれません。

われわれは言葉を通じてしか、また言葉の枠組みからしか、ものを見ることはできません。日本人は唇というと、口先の上下の紅い部分だけが唇だと考えています。ところが、たとえば英語圏の人が漫画で口を描くと、上唇のさらに上の方までが動くように描きます。英語の「リップ」は鼻の下までを指します。その切り口で見ているから漫画を描いても唇の上まで動くことになるのです。

というようなことで、ひらがなが育てた表現領域、あるいは蓄積した文体は、性愛に関わるもの、男と女の愛に関わるもの、それから四季に関わるもの、それからもう一つが耽美。政治や思想ぬきで、もっぱら美しい世界です。

耽美というのは何かというと、政治的に演出された美学ではなく、政治から切り離された美学です。そこに一輪の花があって、あっ、この花が美しいと。そういう世界は、これは政治の美学ではなく、ちょっとした美にも目が届くような耽美の美学です。それはひらがなが育てた表現の世界だろうと思います。中国の漢詩であれば、「私は左遷されてこんなみじめな目にあっているのに、梅の花だけは雪に耐えて美しく咲いている」というような意味で梅の花の美は表現されます。

カタカナは「半文字」、まだ文字として十分な資格をもっていない文字です。しかしそれがまた絶妙な役割を果たします。先ほどいったようにそれは純粋音写文字の役割を担います。

中国へ行ってなるほどなあと思ったのですが、日本では、ワープロ、パソコンができて、子供から老人までみんな簡単にパソコンが使えるようになった。これはひらがなあるいはカタカナがあるからです。ひらがなを打てばそこに文として出てくる。ところが中国ではどうかというと、「ピンイン」（拼音）と呼ぶ標準語の発音記号で打つのが普通です。ピンインを知るためには、まず文字を知っていなければならない。しかも文字を知ったうえで、その標準語の読み方を知って、それをピンインつまり中国式ローマ字で打ち込まないと文字や文章は出てきません。

そのときに、うすうす考えていたことを蘇州で実際にやってもらいました。どういうことかというと、北京の標準語を話す外務省の外郭団体（友好協会）の人がふたり付いてきていたのですが、蘇州からまた友好協会の人がふたり来ていて、この蘇州のふたりの通訳に蘇州弁で話してもらって、北京から随行してきたふたりに聞いてもらったのです。そうすると、やはり全然わからない、通じないのですね。もちろん単語にも違うものがあるのですが、要するに発音が違うのです。

だから中国でパソコンが使えるためには、標準語の読み方と表音綴り字を知って打ち込むか、あるいは漢字には、一字の四角《すみ》の形状を分類して四桁の数字記号化して文字を特定する四角号碼《しかくごうま》という検字法があります。詳細は略しますが、「主」字は〇〇一〇、「榮」(栄)字は九九九〇です。一字ごとに固有の番号がついているわけではありませんから、『字通』では〇〇一〇には十二字、九九九〇では三字が重複しています。この数字を打ち込んで文字を引っ張り出してくるしかないのです。ピンイン入力の場合も、四角号碼入力の場合も、複数の文字が出て来ますから、いちいち選択することが必要です。中国では文字を十分書ける人であっても、標準語とピンインを知らなければ、パソコンは使えないのです。

ということは、日本のように子供から老人までだれでもパソコンが簡単に使えるということには決してならず、使えるのは限られた識字層と重なります。通訳の話では、中国人口十三億人のうち識字層は四割、非識字層は六割ということでしたが、私はもう少し識字層が少ないのではないかと思っています。日本はひらがなをもっているために、とりあえずひらがなが使えれば識字層に入り、パソコンも使えます。

日本というのは非常に平準化した社会です。ヨーロッパや中国と比べれば階級格差の少ない社会です。貧富の差の少ない社会です。それはひらがながつくってきたのです。ひらがなを知ることによって、最低限の読み書きができます。だからだれでも一応発言できるのです。

階級や貧富の差も文字の違いによっています。そうすると、文化というのは何によって違っているかといえば、単音節孤立語の中国語と膠着語の日本語の差ではなく、文字が言葉とどう関係し、どういう姿をしているかということによって違っているのです。文字が言葉をどのように支えているかということで違っているといえるのではないかと思います。

日本文化論の特徴

以上のような特徴から導き出されるものが、日本文化論や日本人論の特徴を形成しています。

日本語は、一つの語をめぐって多様、多彩な表現があり、たくさんの文《かきことば》をつくっています。先ほどお話ししたように、「秋風」という一つの漢語が「シュウフウ」といえるし、あるいは「あきかぜ」「あきのかぜ」ともいえ、それぞれが微妙なニュアンスの違いを表現しています。

次の特徴は助辞の発達です。豊富な助辞によって非常に細かな差を表現することができます。

そういうことが実は日本文化の根拠になっていて、たとえば日本文化の雑種性、あるいは多重性ということをいろんな人が指摘しています。

加藤周一は、文字通り「日本文化の雑種性」（一九五五年）で日本文化の雑種性をいい、鶴見和子も同じようなことを、『好奇心と日本人』（一九七二年）という本で触れています。

福田恆存《つねあり》は「日本および日本人」（一九五四〜五五年）で、日本人は神経が細かく、直感的で、美的感覚が洗練されていると。そして、最も純粋で美しい男女関係は心中であるというようなことをいっています。これは日本語の中の女手＝ひらがなの表現にスポットをあてたもので、日本語の中の漢語の表現にスポットをあてればまた別の文化論も出てくると思います。

それから作田啓一は『価値の社会学』（一九七二年）という本の中で、日本人の非連続観、連続しないことに触れています。たとえば先の大戦のことを日本人はもうみんなすっかり忘れてしまっていると。いや、戦争が終わったそのときから忘れているのだと。だからアメリカの占領はうまくいったのですね。

「イラクはきっと百年後もやりますよ」。これはイラクの専門家で、このまえ京都で『アラビアン・ナイト』について講演をしていただいた池田修さんから聞いた話ですが、要するにイラクはフセインが捕まって、たとえ殺されてもまだやる、百年後に決着すればいいという戦い方をするというのです。アメリカが攻めてきたときにはスッと消えましたが、あれは基本的な戦法で、負けると思うときには退却する、それは決して恥でもなんでもない。そういうことが恥であるとか、そういう戦法をとらないというのは、西欧と日本だけで、ほかはみんな不利なときにはスッと消える。そして、百年後を目指して戦うというお話でした。池田さんは『コーラン』も訳されている専門家で、イラクに幾度も行かれ、たしかフセインと三回ほど握手しておられるということでした。もっとも別に仲がよかったわけではありませんが（笑）。

日本人の非連続観というのはどういうことかというと、ひらがなで思考してきたかと思えば、次はちょっと漢字に変える。漢語系で考えるのです。明治がそうでした。それで駄目だとまたちょっとひらがなで考える。それも駄目だと戦後のように今度はカタカナでということをやるのです。いま多くの日本人がカタカナでみんな考えているから、歴史から切れ、文学から切れ、不連続になり、あまりものを深く——歴史的・文学的に——考えないようになっています。中途半端なカタカナ語をいっぱい入れているわけです。行政、ビジネスの世界が、まさにそうです。

それはなぜかというと、カタカナ語の世界に入り込んで、翻訳することや採否のいかんを考えずに、ともかく浮かして時代とともに行くというのが、いま企業が生き残るいちばんの算段のようです。時代がどのように動いていくかわからないけれども、浮かしておいて、時代が動こうとするとピュッとそこに乗っかっていく。駄目だと思ったらすぐ退却して、次の動きに対応できるようにさえしておけばいいと考えているようです。いま儲かっている企業は大半がカタカナ語の浮遊体企業です。それはカタカナ語の役目です。だからカタカナ語が氾濫するのです。

ルース・ベネディクトの『菊と刀』（一九四六年）に「義理」および「人情」を取り上げた章がありますが、義理というのは、こうせねばならないという倫理や儒教ですから、これは漢字で思考するのです。それに対して人情というのは、これは人の情けですからひらがなで思考するのです。

人情は、「人の情け」とか「情け」と和語に置き換えていえますが、義理については義理以外に、人情に対する情けと同じような和語的な表現は思い浮かびません。要するに政治的な部分、思想的な部分は漢語で考えて、人情のようなものはひらがなで考えるということです。

それから、ベネディクトは日本を「恥の文化」といいますが、この「恥の文化」というのは、結論的にいってしまうと、漢字文明圏の東アジアは、基本的に宗教を失っており、これに代わって地縁や血縁の共同性の価値を重視してきたということにほかなりません。西欧が「罪の文化」というのは、神を設定し、その神に対する恥が罪ということになります。それに対して漢字文明圏の一つである日本には神がいないので、横に繫がっている人々に対して犯した罪が恥ということになるのです。恥と罪とはそういう関係にあります。

二〇〇一年の九・一一の後、テレビを見ていて、大リーグのワールド・シリーズの何回かが終わった途中で、全員が起立して、歌手が出てきて「ゴッド・ブレス・アメリカ」と歌うシーンがありました。日本で考えられるでしょうか。「ゴッド・ブレス・アメリカ」とは、「神よアメリカに祝福を」という歌です。日本は戦争中でもそんなことはなかった。「天皇陛下、万歳」ということはあったにしても、「神様、日本に祝福を」などと集まった者全員が合唱するというようなことはなかった。それはいま触れたように東アジアには基本的に神はいないからです。ユダヤ教やキリスト教やイスラム教のような神はいないのです。だけどおかしいですよ、あの姿は。平然とみんなが「神よアメリカに祝福を」という。それは民主主義ですか？　神様主義ではないですか？　だからそうした宗教も、相対化される方向にいくだろうと私は考えています。しかもこの「ゴッド」はキリスト教の神ですからイスラム教徒のアメリカ市民は歌えないですよ。

ほかにも、いろいろな人たちがいろいろなかたちで、日本文化について、あるいは日本人について書いていますが、漢字とひらがなとカタカナという三つの文字を使い、その違った文体をもった三つの世界を生きている日本人の全体像のどこか一部にポイントをあてていっているにすぎないのではないでしょうか。

さて、まとめてみたいと思います。

まず第一に、日本文化は日本語が日常不断に再生産する。そして、日本語の語彙と文体と言語表現の蓄積史が日本の文化をつくりあげている。

第二に、その日本語は、漢字＝漢語＝音語＝漢文体と、ひらがな＝和語＝訓語＝和文体と、カタカナ＝半言語からなる二重、三重、さらに近年はアルファベット記号をも使う四重の雑種語であり、その語彙と文体と表現が日本文化を形成している。

第三に、日本文化は特異であるということをやはり自覚して、進めるべきものは進め、あまりにもややこしくなったものは破棄するというように、整理していく必要がある。

第四に、それではなぜそういう日本語が形成されたのか。結論的にいうと、中国大陸の周辺に位置する島国であったから。島国というのは隔離されるだけではなく、海によって繋がってもいる。海は優れた交通路でもありますから、その繋がることと切れることとの絶妙さを、弧島である日本はもっている。そういう島々からなる日本だったからこそ、三つの文字からなる特異な日本語が形成されてきた。

そして最後に、先ほどもいいましたが、本居宣長がいうようなもともと何か「美《うるわ》しき古代倭《やまと》」つまり「日本の素」があった、原型があったということではなく、中国語、要するに漢の文体が入ってきて、その中で整理されて、和語と漢語が背中合わせにくっつきながら、さらに断言言語だけでは補いきれない中間部分を助辞で補うようにして日本語はできてきた。そしてその日本語にまさに見合った文化を日本はもっているということを本講の締めくくりにします。

第五講　日本語のかたち

言葉は基本的に語彙つまり単語と文体からできていると定義づけられます。さまざまな単語が何らかのかたちで繋ぎ合わされて言葉はできているという観点から、まずその基本部分である語彙を中心に、さらにそれを受けて文体を中心に、日本語のかたちについて考えていきます。

まず今日の話の前提としては――これはときどき起こるわけですが――最近いわゆる日本語ブームが起こってきて、日本語を考えてみようという読書界あるいは言論界全般の傾向が見られます。その流れに乗っかっているわけではないのですが、ある意味で不毛な日本語論をもういちど整理して、日本語はこういう姿をしているのだと、こういうかたちなのだということをきちんと捉え直してみようというのがこの講義のねらいです。

よく美しい日本語というような言い方をされます。極端な場合は世界のどこの国の言葉より日本語は美しいというところまで話が飛躍してしまい、さらにそういう日本語を守ろうというような運動も出てきていますけれども、それは日本語を世界の中に閉じることになります。

そうではなくて、日本語はこういうかたち、こういう姿をしており、こういう特性があるのだということをはっきり認識してしまえば、その長所も欠点もよくわかるはずです。長所は伸ばせばいいし、欠点はできるだけそれを整理して進んでいくようにすればいいのです。

近年、私が日本語にこだわっているのは、日本語の姿をありのままに描き出すことによって、日本語を世界の言語の中に開いていきたいという思いがあるからです。

またあとの方で結論も出てきますが、ときどき編集者や出版社の人、新聞社の人に勘違いされて、「美しい日本語を守る会」の一員ではないかと思われていますけれども（笑）、本当に美しいものは守ればいいし、汚いものは整理して進む方がいいというのが私の基本的な考え方です。したがって美しい日本語を守る会のメンバーではありません。そのことはまずお断りしておきたいと思います。

語彙を中心として

文字依存度の高い言語

日本語のかたちを考えるときに、これは以前にも何度もお話ししていることですが、結論的にいえば、日本語は漢字とひらがなとカタカナの三種類の文字をもつ言語であること。これが日本語の最も本質的な規定になります。三つの文字を使う言語は日本語のほかに世界にはなく、そこに日本語の性質はいちばんよく現れています。

それゆえに、おそらく日本語は最も文字に対する依存度の高い言語だろうと考えられます。もちろん中国語も考えられますが、中国語の場合は、地方語はありますけれども、それぞれの言語内においては、一つの文字は基本的に一つの発音というのが前提ですから、発音も非常に厳密です。

それに対して日本語は、たとえば「労組」、いまはほとんどなくなったといってもいいような状態になってきましたが、これを一方では「ロウソ」と呼び、一方では「ロウクミ」と呼ぶというようなことが平気で行われています。発音は違っても、二つは違う言葉ではなくて、文字によって同じだということが保証されているのです。日本語はそういう言語です。「ロウソ」と「ロウクミ」がイコールであることがわかる人は、要するに「組」という字を知っていて、かつ、この文字が「くみ」とも読めるし、「ソ」とも読めることを知っているから、それを当然のごとく受け止めることができるのです。たとえば発音中心のアメリカ人がそれを聞いていて、一方が「ロウソ」といって、相手が「おお、そのロウクミはね」と応じていたら、違うことをいっているのにどうして話が通じるのだろうと不思議に思うことでしょう。

日本語の場合は「文字を話し、文字を聞いている」のです。だから先ほどまで「ロウソ」といっていた人が次には「ロウクミ」といって平気で話すということが起きるのです。それは文字が中心にあるからです。

したがって日本語では、文字はかならずしも正確に読めてなくてもいいのです。たとえば京都の地名で「高雄」は「たかお」です。すぐ近くにある「栂尾」は「とがお」ではなくて「とがのお」です。この「の」はいったい何なのでしょう。ある地名で「高雄」と書いて「たかのお」という場所があるとすると、要するに同じ文字で片方は「たかのお」であって、片方は「たかお」だということになります。「栂尾」も平気で「とがお」といえば、あ、この人は「とがのお」のことを間違って読んでいると理解しながら話はともかく進んでいきます。「とがお」と「とがのお」とは発音からいえば本当は違う言葉であるにもかかわらず、同じものとして認識するということは、この字だなと、たえず文字を意識しているからです。

そういう意味で、これは厳密に比較したわけではありませんが、構造的に考えると、おそらく世界で日本人がいちばん文字依存度の高い言語生活を送っている可能性があるといえるのではないかと思うのです。

さて次に、文字依存度の高いその日本語を整理すると、以下の三つの性質をもっていることがわかります。その三つの複合によって日本語は成立しているのです。

漢語と和語の二重性

まず一つは、日本語には中国から来た漢語と、もう一つそれと別個の和語が、倭ないし和の言葉としてある。

ここまではいいのです。問題はこれをどのように捉えるかです。これは中世に発しているのですが、とりわけ江戸時代に入ってからの本居宣長あたりから漢語と和語を分離して考えるようになります。中国から来たものと、日本にもともとあるものがあると誤解して考え、中国的なものを取り去れば、この島にもともとあったもの、和的なものがそこに抽出されるはずだという考え方が出てきます。

これを私は二元論と呼びます。漢語と和語が二重にあるのは事実です。たとえば「泳」という字にたいして、これを「エイ」といえば漢語で、「エイ」に繋がる泳者・遊泳・遠泳・泳法・力泳等の漢語の言葉のグループができ、これを「およぐ」といえば和語で、和語の水泳以外に、人をかきわける、遊蕩に深入りする、うまく処世するという意味の広がりをもった言葉のグループができるので、二重に存在していることは事実です。

ところが間違うのは、漢語と和語には別々の源があって、これを綺麗に峻別できるという二元論的な捉え方です。もともとこの島には美しい和というものがあって、そこにさかしらな漢が大陸から入ってきたものだからそんなものは排除すればいいという、この「美しい和」という幻想をともなう二元性の幻想を生むのです。これが近代のナショナリズムと綺麗にくっついていったわけです。

音語と訓語の二併性

確かに日本語は二重の構造にあり、しかもその漢和の二重性は、いま見たように二元性幻想によって足を掬《すく》われやすいのですが、実際には、その二元性幻想を生み出す要因は二重性にではなくむしろ二併性にあります。これが日本語がもっている二番目の性質ということになります。

それはどういうことかというと、たとえば「冬」という字があって、この文字を媒介にしているということで文字中心言語という特質は出てきますが、文字を媒介にして片側を「トウ」というのですから、これは漢語というよりむしろ音語と呼んだ方がいい。ではもう一片の側である「ふゆ」は何かといえばこれは音語に対する訓語です。「冬山」を「トウザン」と読めば音語で、「ふゆやま」と読めば訓語になります。こういう構造を二併の構造といいます。この二併性が日本語の中心にあります。日本語のたいていの言葉は音と訓をもっており、それは漢字に依存しています。

先ほどの「泳」であれば、「エイ」が音語で「およぐ」が訓語、「水泳」なら「スイエイ」が音語で「みずおよぎ」が訓語になります。あるいは「風」なら「フウ」と「かぜ」で、「風車」は音語では「フウシャ」、訓語では「かざぐるま」となります。

実はたいていの場合、詩を見ても小説を見ても、たとえば「冬山」なら「冬山」とだけあってルビが振ってないので、「トウザン」と読むのか「ふゆやま」と読むのか正確にはわからない。もっともこの場合には「ふゆやま」と読ませる方が多いのでしょうが、それは場面にもよります。

「風車」の場合、ルビがないと、「フウシャ」と「かざぐるま」とではいまの日本語では指す対象が違ってきます。「フウシャ」というと発電用のスケールの大きなものになり、「かざぐるま」というと子供の玩具になるので、本当はこれだけではわからない。「子供が手にもつ」と書いてあれば「かざぐるま」だということがわかりますが、「風車が見えた」というだけでは、遠くに見えたから「フウシャ」かということになるし、「子供が駆けてきた」と続いていれば「かざぐるま」かということになるわけです。どちらかに決めなくてはいけないのに、日本語の詩でも小説でもたいていはルビが振ってないので、本当のところはどちらかわからない。ここでいちばんの問題は、日本語の二併の構造は、実は一つの漢字語が二つの言葉をもっているということです。

「フウシャ」と「かざぐるま」は、いまならもう大きな発電用の「フウシャ」を「かざぐるま」という人はあまりいないでしょうから、棲み分けてきています。

ところが「水泳」などになると「スイエイ」と「みずおよぎ」は翻訳すれば同じですが、日本語としては違うということになります。ということは日本語は単純にいうと他の言語の二倍の表現をもっているということになります。しかも、この音語と訓語のニュアンスの違いは十分には翻訳しきれない。

たとえば「春眠」とあると、これは音語では「シュンミン」で、訓語では「はるのねむり」となります。「春眠 暁《あかつき》を覚えず、処々《しょしょ》に啼鳥を聞く、夜来風雨の声、花落つること知る多少」という孟浩然《もうこうねん》の漢詩があります。それを高木正一さんが訳した訳を次に示しますが、これを聞くと何かちょっと違うなあという感じがしませんか。

どなたか中国語がわかる人がおれば、読んでいただきたいのですが、中国語では、「春眠不覚暁」は「チュン・ミエン・プ・チュエ・シャオ」というような発音になります。それを、高木さんは「春は寝心地のよいもの、うっかり寝すごして、夜のあけたのも分らない。目がさめる。朝らしい」と訳されています。

これは、漢文訓読体である「春眠暁ヲ覚エズ」ともまた一味違います。原文と訳とのあいだにもう一つわれわれが受容している、われわれが受け止めている文体での漢詩の意味、つまり「春眠暁ヲ覚エズ」が存在するのです。

「春は寝心地のよいもの、うっかり寝すごして、夜のあけたのも分らない」という訳文になると、何かちょっとサボり勝ちな人がいて、登校拒否や出勤拒否をしているような感じになってしまいます。

高木さんを批判するわけではありませんが、たぶんこの訳では何か違うと感じます。なぜそう感じるかというと、漢詩はやはり中国の文人の世界のもの。中国では文人というのは政治家ですから、政治家のレベルでの捉え方が必要です。「春は寝心地のよいもの、うっかり寝すごして、夜のあけたのも分らない」では庶民レベルの受け止め方になります。だからやはり、「春眠不覚暁」は「春眠暁ヲ覚エズ」がいいように思います。

いずれにしても、「シュンミン」と「はるのねむり」では少なくとも日本語では意味が少し違う。どう違うかというと、「シュンミン」といった場合には、遠くて、温度感でいうと冷たい。それに対して「はるのねむり」というと、近くなって、温かくなるという、そういうニュアンスの違いがあります。これは一般論としてそういえると思います。

もう一つは、音語の場合は何か抽象的な意味合いを強めるのに対して、訓語の方は具象的な意味合いをそこに付け加えるということがあります。

たとえば「春風」。これを「シュンプウ」というか「はるかぜ」というかで違ってきます。春に吹く強い風といえばやはり「シュンプウ」になります。それから陽気が日増しに暖かくなってきたときに吹く穏かな風はやはり「はるかぜ」ということになるのではないでしょうか。「激しく冷たいはるかぜ」とはあまりいわない。そういうときはやはり「シュンプウ」を使いたくなります。

となると、そこから出てくる文学の流れがわかってきます。「はるかぜ」の線で行けば、比喩的にいえば女手《おんなで》の文学になり、「シュンプウ」の線で行けば、男手《おとこで》の文学になります。

それはつまり音語と訓語の二併性から来ています。訓語を主として流していけば、いわゆる和文的な世界が広がり、主として音語で繋いでいけば、漢文翻訳体的な力強い世界が広がる。音語と訓語の二併性は文体の違いにまで力をおよぼしているのです。

このように「シュンミン」の世界と「はるのねむり」の世界は大きく違うのです。前者は景色が遠ざかっていくような感じを抱かせるし、後者だと景色が近くに寄ってくるような感じを抱かせます。「シュンプウが自分の肌をやさしく通りすぎた」とはあまりいわず、「はるかぜが自分の肌をやさしく通りすぎた」と、こうなるのです。

同じ意味合いでありながら、こういうニュアンスの違いを日本語は構造的にもっています。どこの言語も純粋な単一言語などはなく基本的にいくつかの言語が交じり合っているわけですが、同じことを指す場合にも、遠近、温冷、抽象・具象の違いを構造的にもち、その二つが背中合わせにくっついている日本語は、やはり非常に特異な言語だと思います。「フウシャ」と「かざぐるま」が棲み分けたのは、まさしくこの、遠くて冷たくて抽象的であるというところから非常に大きな視野で捉えるので「フウシャ」の方が発電用のものになり、徐々に「かざぐるま」の方が子供のもつものになっていったのです。

日本語のもっている性質の第三は、表音音写文字・ひらがなの機能です。実はひらがなが、日本語の態様、つまり日本語の姿・かたちとその文法を、――もちろん漢字との兼ね合いにおいてですけれども――基本的に決定しています。これについてはのちほど触れることにして、さらに先に進みたいと思います。

日本語の特異性の根源

一般的には、日本語は漢語と和語の二重言語、近代以降はこれに西欧語を加えた多重言語であるといってよいと思います。

多重言語というのは、これは近年日本でも、言語学の中でピジンとかクレオールというような言い方で、もともと純粋な言語などなく、言葉はみんな多重性をもっているのだという主張があります。

たとえば東南アジアを中心とするところの、英語がそれぞれの地方の言葉と交じり合ったいわばインチキ英語というような意味でピジンという言い方があり、中南米を中心としたスペイン語圏で、スペイン語と地元の言葉とが交じり合ったいわばインチキスペイン語というような意味でクレオールという言い方があります。

そういう中にあって、日本語の二重性も同じようなもので、ことさら強調することでもないと考えるかもしれませんけれども、その違いは何かというと、その二重性が、文字を媒介にして存在していること、文字依存度の高い二併性であることが、やはり違います。一つの事象を表すのに、微差を音語と訓語で表現する、そういう音語と訓語の構造が、基本的に日本語の中心部分に組み込まれてしまっています。「やま」には「サン」があり、「かわ」には

「セン」があり、「おしえる」には「キョウ」があるというように、大半が二併でくっついて、微差を二通りでいい分けられるような言葉としてできているのです。こういう言語はおそらく世界にはほかにないと思います。

それでいまのつづきです。「近代以降はこれに西欧語を加えた多重言語とするが、むしろ漢字を媒介とする音語と訓語の二併性に特異性の根源がある」ということです。ここに私は、日本語の特異性の根源があると考えています。同じものを対象としながら音語と訓語の二通りの言葉が語彙としても存在しているということです。

したがって前者、つまり漢語と和語の二重言語ということだけを強調すると、漢語は中国（大陸）発で、和語は倭の方から来た言葉だと、いわば出身地を問うことにしかなりません。そうではなく、文字＝書字中心言語として日本語を捉える方が実態に即していると思われます。つまり文字中心の日本語、文字に対する依存度の非常に高い言語である日本語においては、音語と訓語の二併性を日本語のいちばん大きな特徴として指摘できるのではないかということです。

たとえば「風」の音語として、「風雲」「風化」「風雅」「風害」「風紀」「風狂」「風景」「風月」「風向」「風骨」「風采」「風姿」「風車」「風趣」「風信」。やはり抽象的で難しい言葉が多いですね。

それに対して訓語は一目瞭然です。これはひらがなを見ただけで、ふっとわかってしまうものばかりです。「かぜ」「かぜあたり」「かざあな」「かざかみ」「かざぐるま」「かざしも」「かぜとおし」「かざはな」「かざまど」「かざみ」「かざむき」「かぜよけ」。一方は「フウウン（風雲）」「フウカ（風化）」「フウガ（風雅）」「フウガイ（風害）」「フウキ（風紀）」「フウキョウ（風狂）」……と。要するに音語と訓語が、棲み分けたのです。

つまり、抽象的でスケールの大きいことをいう場合には漢字音の方に頼って、身近な方はひらがな訓の方に頼るという日本語の語彙の姿が生まれてきたのです。

カタカナの「フウシャ」と、「風車」と漢字で書いてそれを「フウシャ」と読んだ場合と、「風車」と書いて「かざぐるま」と読んだ場合と、「かざぐるま」とひらがなで書いた場合と、これは日本語ではそれぞれ微妙にニュアンスが違っています。「フウシャ」という音だから同じかといえば、カタカナで書いた「フウシャ」と漢字で書いた「風車」とは違います。

したがって学術的な抽象語の場合などではカタカナを使うという習慣が出てきています。たとえば「ハレ」と「ケ」、あるいは「ムラ社会」というように、訓語をカタカナ化することによって、高度で抽象的なことをいおうというところに自立させています。いわば外来語のような姿を見せることによって、漢字ともひらがなとも違うことを意味させているのです。

カタカナの「フウシャ」と、「風車《フウシャ》」と、「風車《かざぐるま》」と、ひらがなの「かざぐるま」と、さらにカタカナの「カザグルマ」とでは、みんな少しずつニュアンスが違うという意識を日本人はもっています。文字中心で使ってきたそれまでの言語の習慣の中で、みんながそのあたりの表現の差をわかっているのです。

それについていえば、植物名とか動物名は、新聞などではいわゆる学術用語としてカタカナ表記がふえています。たとえば「ムラサキシキブ」という名の花。こういうものはいいのです、それほど身近でもないしあまり出てきませんから。しかし「ウメ」とか「バラ」なども最近はカタカナの方が多い。それから「ボタン」。これでは「釦」と間違うおそれさえありますが、基本的にはカタカナ書きになっています。

カタカナ表記が時に異和感を感じさせるのはなぜかというと、それは、これまでそれがどのように書かれつづけてきたかということにかかっています。俳句の中で植物名や動物名をカタカナで使うのはおかしい。「赤いツバキ白いツバキと落ちにけり」ではなく「赤い椿白い椿と落ちにけり」（河東碧梧桐《かわひがしへきごとう》）です。どのように書かれ、どのようにそれを使ってきたかという歴史によるのです。

「ムラサキシキブ」を「紫式部」と書くと、『源氏物語』と連想が直結してしまうので、やはり植物名として受け止めにくいかもしれません。どうしても「紫式部」を残したかったら、「紫式部」と書いた傍に「ムラサキシキブ」とルビを振るという手があります。またそのルビも実はカタカナにするかひらがなにするかという問題が残ります。

このようにカタカナで書いた場合と漢字で書いた場合とひらがなで書いた場合とは違います。日本語を使う人はだいたいその違いを認識しています。そういう言語生活をわれわれは送っているのです。

さて、これも復習ですけれども、音語は、遠くて、大きくて、冷たくて、抽象的ニュアンスを表し、それに対して訓語は、近くて、小さくて、温かくて、具象的ニュアンスを表します。

近いということはクローズアップです。訓語の場合にはあまり遠くの姿を見るというかたちの言葉にはなりません。クローズアップしていますから、場面自体は非常に小さな局面になります。映画などでも、小津安二郎が小さな生活の局面にカメラをあててそこを描写すると非常にうまいということがあるのは、いわば訓語でやっているからです。評価されるような日本の映画には比較的このクローズアップ描写の方が適しているということがあるとすれば、それは日本語の中の訓語、すなわちひらがな語の方に依存した表現になっているからです。それに対して、スケールの大きなものを遠くから全体的に描写するのはいわば音語でやるわけです。音語の方から行けば、日本語の場合でも、非常にスケールの大きい表現も可能になります。

一九九八年下半期の芥川賞を取った平野啓一郎の小説『日蝕』は、ワープロを駆使して難解な漢字を多用して書かれたものです。そうすると、音語の方に傾斜しますから、一見スケールの大きな印象をもたらす作品になります。したがって歴史的なテーマで書いていくような場合には音語に頼った方がいいのですが、ただそれがうまく機能しないと難しい漢字を羅列しただけの非常に読みづらい作品になってしまいます。

これは象徴的だと思うのですが、二〇〇三年下半期は、十九歳と二十歳のふたりの若い女性が芥川賞を取りました。おそらくこれは比喩的にいえば、ひらがな語ないしカタカナ語で書いているわけです。訓語と半言語（カタカナ）を用いて現代の若者の一種の気分のようなものをクローズアップして書いているのではないかと、そういう推定はつきます。日本の女手の文学の伝統に連ねて考えてみれば、これは非常にわかりやすいことです。

日本語の音訓語の形態

次に、その日本語の音訓語の形態がどうなっているかを少し考えてみます。

日本語では、音語と訓語が組み合わさった二併の語彙が中心に来ます。ところが、その周辺はどうなっているかというと、たとえば「愛」の場合、近年では「愛」は「愛する」というようにもっぱら音語の方に傾斜した使い方をしていて、あまりこの字を「かなしい」とか、「いつくしむ」というような訓語では使わなくなっています。

「梅」という字は、「うめ」が訓語としてあって、「バイ」が音語としてあります。だから「梅林」は「バイリン」と「うめばやし」です。

ところがこの「うめ」は、訓語の機能を果たしているだけで、本来は音語です。出自をいうのであれば、「うめ」は中国から来ています。中国語の「メイ」が訛《なま》って「ウメ」となったのであって、本当は音語なのですが訓語として機能しています。

「馬」も同じで、「うま」は中国語の「マァ」から来ている音語です。いまは「バ」がだいたい音語の標準になりますが、「マァ」が訛って「ウマ」となったのです。それを訓語に宛てたのです。だから本来は「バ」も「ウマ」も音語ということになります。つまり音語、訓語は出自が問題ではありません。

何がいいたいかというと、要するに中国から文字とともに渡ってきた言葉が、決してさかしらなものではなく、あくまで日本語を音と訓の二併の構造に仕立てていくという役目を果たしたということです。したがって、本来は音語の側にあるはずの「マァ」が「うま」というかたちで独立して訓の言葉——和語といってもかまいませんが——として機能していまず。「梅」と「馬」の例で、いかに音訓二併性というものが日本語の構造の中心にあるかということがおわかりいただけると思います。本来は中国から来た言葉の読みなのに、それを訓語に宛ててしまったわけですから。

「メイ」が「ウメ」と変わり、「マァ」が「ウマ」と変わったことは、実際の発音と書かれたものとでは乖離《かいり》があることを証しています。たとえば、犬は何と鳴くか？　日本語では「ワンワン」と鳴くといいますが、テープレコーダーに録《と》ると、はたしてワンワンと鳴いているでしょうか。英語では「バウワウ」と鳴くといいますね。本当は「ワンワン」でも「バウワウ」でもない鳴き方をしています。同じ犬が向こうとこちらで違う鳴き方をするわけではないのですから。

書きとめる、いな、表記することが決定的です。書きとめて言語化したときに、「ワンワン」に決定されてしまうのです。向こうは「バウワウ」になる。したがって実際の音と言葉とのあいだには飛躍があります。

われわれは声を聞いているように思うけれども、ほんとうのところは声など聞いていません。あくまで言葉を聞いています。私がいまこうして話している話は、みなさんは目をつぶっていても短い言葉なら簡単に覚えられると思いますが、もし声を聞いているとして、太平洋のどこかの島の言葉が始まったとしたら、おそらくみなさんは、意味がわかるどころではなく、ほとんど聞き取れないと思います。テープレコーダーに録ってきて何度も何度も聞き直して、これは「ウ」だろうか、「ク」だろうか「グ」だろうかと、検証しなければならないことになります。日本語でもときどき迷うのですから。すぐ隣にいる人がしゃべっていても、何と言っているのかよくわからないこともあります。それほど音あるいは声と言葉のあいだには距離があります。

いま私がしゃべっている話をみなさんに聞いてもらえるのは、私の話に対して、みなさんがある枠組みをあらかじめもっているからです。最初から枠組みをもっていて、こういうふうにいうだろうという想定がみなさんの方にあるから、わかってもらえるのです。それがないところでは聞き取るのは相当にむずかしいはずです。ましてや日本語のような文字依存度の高い言語では、聞きなれない言葉は、音節文字のカタカナで聴いていくことになるので、繊細な母音と子音をもつ言葉だと発音自体が聞き取れないということになってしまいます。たとえば人気格闘家の「ボブ・サップ」というのも、あれはカタカナでボブ・サップと書いてあるからわかるわけで、最初に本人が発音したらおそらく何という名前だろうと迷います。だれかがボブ・サップと書いてしまったから、ボブ・サップで固定して、カタカナでボブ・サップとなったのです。実際の発音とは全然違うはずです。それぐらい差があります。

それからさらに、いかに日本語が音訓性を指向するかということでいえば、たとえば「とうげ」という言葉。「峠」はいわゆる国字ですが、本当はこんな字はいらないのですね。ひらがながあるのですから「とうげ」と書いておけばいいのですが、文字を媒介とした日本語の音訓語の書記のしきたりの中に入りたくてむりやり「山」の上・下ということで「峠」という字をつくったわけです。しかし「峠」には音語がつくられていない。たとえば「サン」というような音をつくればつくれないことはなかったのです、「働」のように音をつくった国字もあるのですから。「はたらく」という訓語を擬似的な漢字にしたのですが、音訓語化しようという力が働いて「ドウ」という音語をもつくったのです。

それで、もう最初から入るのをあきらめたのが、京都あるいは高槻・茨木あたりの方はご存じの「ポンポン山」という地名です。これは、音訓二併の世界に入ることをあきらめた言葉です。「ポンポン山」というのはカタカナで書きます。かつてはこんな名前がおそらくいっぱいあったのでしょうけれども、みんなちょっとずつかたちを変えて漢字化して、それなりの名前になっているわけです。「ポンポン山」はそれをあきらめたのです。

日本語の構造の真ん中のところに音訓二併性の基本構造があって、その周辺にそれを指向する言葉が取り巻いて、二併性の中に収斂しようという姿を日本語はしているということをいまお話ししているわけです。

和漢の二重性というだけでは不十分で、それは先に述べた「梅」がそうですが、中国発の音が訛って和語として機能しているのですから、出自の問題ではないのです。人間もそうですけれども、生まれの問題ではなくて、やはり育ちの問題の方が重要です。要するに「メイ」も「うめ」となって訓語の側に入り込み、訓語として機能しはじめるのです。

漢語・和語という考え方だけではなぜ駄目かというと、どの国語の文法書、あるいは国語学の本を読んでも、たとえば「あるく」というのは和語ということになっています。「およぐ」も和語です。ですが、実はもはやこの日本語の「あるく」という語は、ひらがなの「あるく」ではなくて、「歩く」というように漢字の「歩」がくっついています。「およぐ」という場合には、「泳ぐ」というように漢字の「泳」がくっついているのです。音で聞けば「オヨグ」、そして音をそのまま記せばひらがなで「およぐ」ということになるわけですが、たとえそのようにひらがなで「およぐ」と書いたとしても、その「およぐ」の裏側には「泳」の文字がくっついてしまっています。「はるのねむり」といっていても、実はその裏側には「春の眠り」と「春」と「眠」という字がくっつく構造を基本的にもっています。「あるく」というときは「歩行」というような音語が書く人に想定されているのです。

したがって、国語学者は「あるく」を和語「あるく」と考えるけれども、実態上は「あるく」ではなく「歩く」であり、「歩行」というような音語が同時に、二重に表出されていると考えられます。

要するに漢字を全然想定せずに「あるく」とか「およぐ」という言葉を使うことは日本語ではありえない。「あるく」とひらがなで書いた場合でも「歩」という字が貼り付いている。「およぐ」を水泳の「泳」ということではなく、もう少し広い意味で使いたいという場合に「およぐ」とひらがなで書きますが、その場合でも、漢字で限定的に使いたくないからひらがなにしたということであって、決して「泳」のない「およぐ」ではありません。このように、漢語が裏側に意識されない和語は基本的にないのです。

それは日本語が日本語として、つまり音訓語としてでき上がったときからの基本的な型です。訓というのは読みですから、読みというのは何かというと、要するに漢語を翻訳して読んだわけです。漢語の意味を翻訳して読んだ翻訳語です。漢語を翻訳した言葉として定着したものが訓語であり和語ですから、宿命的に訓語は漢語に繋がっているというかたちで基本的に使われます。そうでないものは、「ポンポン山」のような使い方になります。たとえば和語の動詞で「なく」というのは、「さめざめと泣く」とか、「しのび泣く」とか、「すすり泣く」とか「えんえんと泣く」とか、あるいは猫であれば「ニャーニャーと鳴く」というように使われます。

非常に面白い本なのですけれども、こういう指摘をする言語学者がいます（飯島英一『日本の猫は副詞で鳴く、イギリスの猫は動詞で鳴く』）。それは、日本語では副詞で鳴くと。「ニャーニャーと鳴く」と。ところが英語では、これは一語で「mew」という動詞がある。だからイギリスの猫は動詞で鳴いて、日本の猫は副詞で鳴くというのです。

しかし「ニャーニャーと鳴く」「ニャーニャー鳴く」という表現の全体を動詞だと考えれば、別に副詞という分類をしなくてもいいわけです。そうすると英語と同じく動詞だといってもいいことになります。

漢字によって阻まれた動詞の成長

ただ、なぜこういう構造が保存されたのかというと、これは漢字と仮名の日本語の構造から来ています。少しこの延長線上の問題を考えてみます。

日本語の場合には「なく」というこの和語が「なく」のままでそれ以上発達せず、「なく」で固定されました。どんな力がそこに働いているかというと、それはやはり文字化です。動詞は漢字によって固定されました。漢字は重いですから、漢字でいちど書かれると固定されてしまうのです。

たとえば「泣く」でも、「鳴く」あるいは「啼く」でも、あるいは「哭く」でも、「なく」に漢字を当て嵌めると、漢字に依存しますから、「なく」という和語が発展的に変化しなくなります。もし漢字によって固定されることがなければもっと動いたはずです。しゃべり、話しているあいだにどんどん変わっていったはずです。猫は「みゃあなく」とか「みゃある」、犬は「わんなく」とか「わんる」とか何かそういう言葉ができてきた可能性があるけれども、「なく」に漢字を当て嵌めてしまったから、和語の動詞「なく」が固定されたのです。漢字によって和語は固定されたのです。

なぜ「なく」が発達しなくなったかというと、要するに漢字によって書き分けるからです。

「涙」という字を書いて「涙く」とすれば、涙を流して泣く意味です。それから号泣という言葉がありますが、「号」という字を書いて「号く」と読ませれば、これは大声で叫び泣くという意味です。それから普通の、これはいま一般的によく使う「泣く」ですけれども、厳密にいえば、声なくて涙を流して泣くのが「泣く」という意味です。慟哭の「哭」という字で「哭く」。「口」二つに「犬」を書きますが、「犬」というのは、犬牲といってこれは犠牲獣。犬を犠牲として神に捧げたのです。その上に「𠙵」(サイ)が二つあります。「𠙵」は神に捧げる言葉をいれておく器ですから、神に捧げる言葉と犠牲の犬が捧げられているのです。だからこれは何らかの儀礼の言葉だということがわかります。死者を弔って声を出さずに泣くのです。犬は吠えるから大きい声を出すのではなく、この場合は犠牲として死んだ犬を神に捧げ「哭く」のです。

「啼く」は、叫ぶように悲しんで泣く意味です。これは鳥の場合にも使います。さえずるような泣き声ではなく、「ギャー」というような叫び悲しむ泣き声です。「鳴く」は、これはいうまでもなく鳥が鳴くことです。「吼く」は獣が吼《ほ》えることです。

「噓唏《きょき》」という言葉があります。これは漢詩や漢文でよく使います。「噓」も「唏」も、いずれもすすり泣くという意味です。日本語では「噓」は「うそ」という字に使いますが、これはもともとは泣くことです。

それから慟哭の「慟」の方は、身をふるわせ声をあげて泣くことです。「慟く」は声をあげて泣き、「哭く」は声をこらえて泣く。本来慟哭というのはその両方の意味を含んだ言葉です。

次が「涕く」。これは鼻を通って出る涙、つまり鼻汁という意味です。だから、涙を流し、さらに鼻汁まで落として、和語風にいえばぐじゅぐじゅになって泣くことです。

このように、日本語は「なく」という言葉を固定して漢字で書き分け、文字の違いに頼る言語になっているのです。ということは、文字に頼らないと動詞が非常に粗末なものになります。

和語系のものを挙げますと、日本語で「なく」を固定したかたちで、「しのび泣く」「すすり泣く」「むせび泣く」などが考えられます。あるいは擬音語・擬態語、つまり泣き声や泣く状態を表した言葉を組み込んだものとして、「おぎゃーと泣く」「えんえんと泣く」「さめざめと泣く」「ギャーギャー泣く」「おんおん泣く」「ぴいぴい泣く」というようなものが考えられます。

つまり「なく」という動詞を固定してしまうと、文字の書き分け以外でなんとか表現しようと思うと、副詞的、形容詞的な語彙をそこへくっつけていくしかありません。その構造は、この島に住んでいた人たちが昔からもっていた言葉がそういう構造であったというよりも、漢字が入り込んできて、それで動詞が固定されて動けなくなって、動けなくなったところで何かを音語ではなくいおうとしたときに、副詞的、形容詞的なものをそこへくっつけるという構造になるしかなかったのです。

どう考えても、「貼る」ことと「張る」ことが、「はる」ということで同じだというのはおかしいのです。「貼る」はベタッとくっついているわけですし、「張る」は宙に浮いているわけですから。糸をはるとか、障子をはるのは「張る」です。壁にポスターをはるのは「貼る」です。和語を生かそうとすれば、漢字で書き分けるしかないのです。

漢字に依存することによって訓語を「はる」と固定してしまったから、漢字で書き分けられない話し言葉では、「ペタンとはる」とか「ピンとはる」というようにそれに副詞をくっつけていかざるをえないということです。

ひらがなの表音性

しかももう一つは、実はそこにひらがなという文字の存在があります。ひらがなは言葉でないものを言葉に変える力が非常に強いのです。

ひらがなは、アルファベットよりも音標性の高い文字です。ただしこれは、生きた言葉の現場においては、という意味です。というのは、「発音しないひらがなはない」からです。「ん」というのも一応発音します。そうすると、文字が全部発音をもっていることになります。ところが、たとえば英語の「know」や「knife」などの「k」は発音しない。単語としてはそれぞれひとかたまりで移動していますから、英語の場合、発音しない文字がありま す。

ひらがなの場合はそういうものがない。全部音がくっついていて、音として働きます。なぜなら、ひらがなが子音と母音が一体化して一音になっている音節文字だからです。子音＋母音というかたちで基本的に文字ができている、そうするとわずかな文字数で、荒っぽいですけれども、その音をそのまま表記できます。

音節文字はほかにもあります。インド系の言葉も音節文字です。その場合、母音が「アイウエオ」という五母音のかたちに書き分けられるのではなく、「ア」の音をベースにして、ほとんど母音が「ア」で終わる音節文字になっています。

それに対して日本語の場合は、「アイウエオ」という五母音で書いています。ただし実際の発音がそうであったかどうかは、また別の問題です。五母音のひらがなということの文字が、表音文字としては――ここが絶妙のところですが――音標性が高い。実際問題として書こうと思えば、母音と子音が書き分けられないので、「グワッ」というような音は正確には書き分けられない。しかしそれを「ガッ」と大まかに捉えれば、そっくりそのまま、単純に書けます。

そういうことで文字によると、たとえば表意性の高さと表音性の高さを想定してみたときに、どのように考えられるでしょうか。

漢字はもちろん表意性が高い。その次はアルファベット。やはり発音しない文字がある。私はしばしばアルファベットは発音記号だといっていますし、もちろんそうなのですが、ひらがなとの比較においていえば、アルファベットの方が表音性が低くて、むしろひらがな・カタカナへ行く方が表音性は高くなると思います。このことは、ひらがなやカタカナの表音写性をもちいて身の回りのことを容易に言葉にできることを意味します。

日本語の即物性の源泉

妙な言い方になりますが、しゃべっているからといって、それが必ずしもすべて言葉になるわけではありません。やはり文《かきことば》の水準というものがあって、その水準の中に入り込んでこないかぎりは言葉にならないのです。もちろんその地方の人にとっては、それはそこの言葉です。そこの言葉だけれども、いったん書きとめられて、いわば認知されるというプロセスが言葉にはどうしても必要になります。「ぷわぷわ　ぎゅあぎゅあ　いわいわ　るするす」といって、それがだれかとのあいだで通じたとしても、それは十全な言葉ではありません。言葉としてはやはり認知というプロセスが必要になります。

その認知のプロセスが、ひらがなをもっているがゆえに非常に安易になされ、ただちに言葉として入り込んできてしまうことがあります。それはいまの若い人たちの言葉の現象を見ればよくわかります。

英語圏であれば、俗語が新聞で扱われたり、テレビで扱われたりするようなレベルにまで押し上げられるには、やはり単語化して、それが綴られて、認知されるという作業が必要です。俗語が流行ってきたとしても、即座にそれがテレビで流れたり新聞で流れたりする度合いは低いと考えられます。

日本の場合でも同じですけれども、発音記号でありかつ文字であるというひらがなやカタカナをもっているため、一過性の俗語をつかまえてすぐに言語のレベルにまで高めるようなふるまいをしやすいのです。「ガーガー」とか、「ギャーギャー」というようないろんな擬音語・擬態語・擬情語が詩の課題にもなって、新しい擬音語・擬態語が効果的な、詩的な働きをする場合も出てきます。

日本語には仮名があるがために、音《おと》や雑音と言葉との距離が非常に近いのです。雑音は英語などの場合は言語化しにくい。漫画で「zzzzzzzz」というように、寝ている人の寝息の音を表現したものがありますが、これには母音がないということもあるのでしょうが、子音だけでは音節になりませんから、文字化されてはいても、言語というより雑音の範疇にある表現だと思います。

ところがひらがなやカタカナをもつ日本語の場合には、「ずずずずーっ」あるいは「ぐーぐー」とすれば、これはもう立派な言語だという扱い方ができるのです。子音＋母音からできている音節文字であるひらがなやカタカナが働いているからです。普通ならば雑音や騒音のレベルのものまでが言葉として扱われる構造を、仮名をもつことによって日本語はもった。それが、日本語の即物性の源泉です。

これは古い話ですが、ある意味でやはり象徴的だと思うのでお話しするのですが、一九六〇年代に大橋巨泉が「はっぱふみふみ」とテレビCMでやって当時の流行語になりました。欧米語でいえば、歯牙にもかけられないナンセンスな雑音が、言語のような姿で通行してゆくのです。あれは確実に仮名言葉ですね。あれを「端葉文文」と漢字にしてしまえば、本格的な言語の世界に入り込みます。その前の段階のひらがなの「はっぱふみふみ」も言語のようなかたちをしていて、面白そうだということで市民権を得るのです。

こういう言葉が成立し、流行《はや》るのは、やはり仮名が機能しているからです。仮名は、音素、つまり母音と子音で書き分けられるのではなく、母音と子音が一体化したわずか四十数文字の文字で書き分けられます。そこに仮名文字の秘密があるというのが私の考えであります。

さて、「私の考えであります」といま私はいいましたが、この「であります」というところは、日本語では「私の考え」で切ってもいいのです。それで終わればいいのに、日本語としては何か不満足、まだ十分ではないような気がしてそこに助辞をいっぱいくっつけるわけです。「のであります」とか「のです」と。あるいは「のだ」というと強いかなとか。これがいま、日本語の一番の問題です。要するに終助詞であったり、助動詞であったり、丁寧語であったりするのですが、ここのところが揺らいでいるのです。

本当はちゃんとした語尾が付けられればいいのでしょうけれども、的確なものがたくさんあるから、そこで迷うのです。そうすると「であります」というようなかたちで逃げる。しかし本当はこれはなくてもいい、言葉からいえば。「それが私の考え」でいいのです。その方がよほどよくわかります。「というのが私の考え」で次へ進んで行った方がいいのです。

ところが、それではまだ日本語としては馴染みがないから、「のであります」と無理につける。あるいは「のよ」などといったら、「あの人気持ちが悪い」となることでしょう

（笑）。これも仮名の機能です。

このように日本語の仮名は、発声音の言語化を容易にします。実際に言葉として認知する必要のないような発音までがひらがなで写しとられ、そうするとそれが一人前の言葉と同じように扱われることがあるからです。

ひらがなの出現により日本語は原生の発音を失いました。奈良時代には八母音であって、平安の中期から五母音になったといわれていますが、こういう言語学者の説は嘘です。万葉の時代には八母音の漢字で書きとめられた、それがひらがなでは五母音で書きとめられるようになったという、ただそれだけの話です。現在の日本語でも、実際に話されている音は五母音であるかどうか疑わしい。「がんこ」の「が」の母音は「a」であるとしても、「とんがる」の鼻濁音の「ҫ」は「a」ではなく「æ」ではありませんか。いくつも母音があるはずのフランス語圏でランボーが母音を五つに分けたのはなぜですか。実際に母音があるかないかではなく、どう書き分けているかの問題にすぎないのではありませんか。だから森博達《もりひろみち》さんなどは八母音説ではなく、奈良時代七母音説を立てているわけです。

いま、漢字仮名交じりで私は話していますから、ひらがなで話しているところは五母音で話していますが、しかしここで私が大声で何か叫ぶとか奇声を発した場合、その言葉がいったいどういう母音を含んでいるかということは、実はわからないはずです。奈良時代以前の飛鳥時代を想定すれば、これはもう中国語や朝鮮語ふうの、要するに撥ねる音や、詰まった音や、母音で終わらない言葉がいっぱい話されていたに決まっています。いまでも地方に行けば、「アイウエオ」というような発音ではない母音が、方言といわれているものの中にいっぱいあります。

いまわれわれが「そうです」という場合でも、「です」の「す」などは、関西では「su」と最後を伸ばし、母音をはっきり発音しますが、関東の方だと「す」は「s」ですね、「su」ではありません。関西はやはりひらがなができたところなので、わりと母音を長く引いて発音します。ひらがなの発音に合わせてきちっと発声ができるのですが、ほかの地方は厳密に見ていけば、いまでもそういうことにはなっていません。

このように、ひらがなの成立によって、原生の発音を失ったことは明らかです。私のおじいさんなどは、学校を「ガッコウ」ではなく「グワッコウ」といっていました。あれは「グワッコウ」とルビが振ってあったから「グワッ」と発音していたわけですけれども、それに似た発音の言葉がいっぱいあったはずです。

したがって、ひらがな成立以前には、中国語や朝鮮語と同じような発音をしていたと思えばいいのです。あの種の発音だったと。音節発音というのは非常に異様です。ハワイなどのポリネシア系の言葉に開母音（子音＋母音）系の音があるという説もありますが、要するに現行の日本語の発音はひらがながつくった言葉であって、ひらがなあるいは仮名成立以前の発音との脈絡はよくわからないのです。

助詞放縦の日本語

そのひらがなが、助詞・形容詞・副詞の過剰をもたらしました。助詞放縦の日本語です。これは先ほど触れたことですが、基本的に動詞や名詞は漢字を宛てることによって固定され、動きにくくなります。そうすると、動きにくい言葉に何か新しい、いままでの言葉ではいえないような表現をいおうとすると、これが助詞・形容詞・副詞の過剰をもたらすと。

いま、「もたらすと」といいましたけれども、この「と」には実は何の意味もないのですね。「ということになります」の後半が省略されていると考えてもよいですが、別段「と」はなくても意味は通じます。阪神や楽天の監督だった星野仙一さんのインタビューを聞いていると、話のあとに「と」がよく付きます。私の講義も、テープを起こしたものを読むと、文章の終わりが「と」で終っているものが多い。しかし、ここはなくてもいい、本当は。言語的な意味合いでいえばどうでもいいところを、うるさくいう傾向が国語学者等にあります。しかしそれは寛容であっていいというのが私の考えです。

「千円から、お預かりします」というこの「千円から」という表現が、コンビニからファミリーレストラン、あるいは新幹線の車内販売に至るまで、若い人の間に定着してきています。「千円からお預かりします」というのですから、お預かりしているのなら返してほしいといいたくなりますけれども（笑）。だれか是正指導をする人がいたのか、新幹線は少し直ってきているようですが。

つまり、この「から」にはあまり大した意味がないのです。また「わたし的には」という表現がやはり流行っていますが、この「的」にも意味はありません。「わたし流」とか「わたしとしては」ということを「わたし的に」といっているので、「そこは『的に』というべきではないでしょ」ととがめてみても始まらない。「わたしなどは……」の「など」、「……とか」の「とか」など、無意味な助詞が、助詞放縦の日本語においては、いくらもありま す。話し言葉になれば、「……がよう」「……だべ」「……がや」「……とよ」など、そのへんの助詞はいくらでもひらがなでくっついてきます。もちろん「的」はもともとは漢字なのですが、ひらがな語として使われているわけです。

要するに助詞的な表現はものすごく多様です。今後は、少しずつ整理してそれに拘泥しない日本語になる方がいいというのが私の基本的な考え方です。

たとえば戦前の歌謡曲（『二人は若い』）に、「『あなた』と呼べば、『あなた』と答える」という歌詞があって、その中で「あなた」「なあんだい」という問答が出てくるのですが、女は「なあんだい」とはいわないから、「あなた」と呼んだのは女性で、「なあんだい」といったのが男だと。これだけで男と女がどちらかわかる。これに類する表現が日本語にはいっぱいあります。男がいっているのか、女がいっているのか、目下がいっているのか、目上がいっているのか、すぐわかるのです。「おい」といったら、要するに上司か、目上の人がいっているわけです。

なぜそういうことになったかというと、これもやはりひらがなの性格から来ます。男語、女語から上流語、下流語、俗語、差別語に至るまで、どのような言葉でもひらがなが言葉として登録してしまうからです。女言葉、男言葉が書きとどめる言葉として登録されるがため、女性は女性の言葉を使わなければいけない、男性は男性の言葉を使わなければいけないと強いられることになります。したがって、何が男言葉、女言葉を生存させつづけているかといえばひらがなです。ひらがながそれを吸い上げてきたからです。

日本語の小説の中でたとえば「××はんがきはった」という会話を書いたとします。この一語で、「だれだれが来たと関西の女性がいった」という意味が含意されます。つまりそこまで補わないと「きはった」を表現できないのです。「きはった」は便利だからそれでいい、即座に関西の女性だということがわかるのだから地方の言葉を生かしていくことはいいことだと。そういう方向に来ていますが、私はむしろ逆だと思います。「来たと関西の女性がいった」という小説をつくっていかなければ、日本人の内部に閉じるばかりで世界に開かれず、駄目なのではないかと思うのです。

敬語もそうです。敬語遣いの上手な人が、あの人はいい人だということになります。あの人は丁寧な人だという場合の多くは、言葉遣いが丁寧な人です。物事を丁寧に考え、きっちりしていて、仕事もよくできるということではなく、言葉遣いが丁寧だと、それが拡大的に評価されるのです。要するにかたちだけです。これもひらがなの放縦の一面です。

ひらがなによって発声音の言語化を容易にする。このことは、助詞放縦だけではなく、擬音語・擬態語の過剰をもたらしています。音と言語を隔てるハードルが非常に低い言語になっているからです。さらにそれは話体の言語化を促します。篩《ふるい》にかけずに発声を言語体系の中へ組み込むため、非常に素朴な日本語ができてくることにもなります。

さらに、開母音（子音＋母音）型の日本語が生まれたことが指摘できます。開母音というのは母音で終わる言葉のことで、母音で終わる日本語はもともとあったのではなく、これはひらがながつくったのです。

したがって、日本語の音楽は全部ひらがな音楽です。「山のーおーおーおー」と母音を伸ばしたり、強弱、高低をつければ、日本の音楽になります。構造的には、謡曲、浄瑠璃、小唄、民謡、みんな終わりの母音のところを引っぱって上げたり下げたりしているだけです。「やまーあーあーあー、のーおーおーおー」「高砂やーあーあーあーあー」とこう母音を伸ばしていく。それはお経や声名も同じです。お経もひらがながができて変わったのです。それまではもうちょっと違う音楽だったと思いますが、仮名ができてから、みんなひらがなで母音の最後を伸ばすようになった。その長さや短さや、テンポだけが音楽になるのです。そこに西欧の音楽とは基本的に違う構造の日本独特の音楽が生まれました。

濁点が清音・濁音差を生んだ

それからこれもなかなか気づかないところですが、濁点が、清音・濁音差を生みました。「か」と「が」、「す」と「ず」、「た」と「だ」、「は」と「ば」と「ぱ」が親戚だというのは濁点や半濁点ができてから生まれた概念です。濁点ができる前は、「k」音と「g」音、「s」音と「z」音、「t」音と「d」音、「h」音と「b」音と「p」音ですから、これらは明らかに別々の音と認識されていたはずです。英語では、「fox」と「box」とは異なり、「hook」と「book」も違いますが、日本語では「はこ」も「ばこ」も、「ほん」も「ぽん」も同じ「箱」や「本」を指します。国名も実のところ「にほん」か「にっぽん」か定かではない。「日本」であることは確かですが。

万葉仮名では区別されていた、たとえば「波」と「婆」が、平安時代の女手＝ひらがなになると同じ文字で書き表される（いわゆる「清音表記」）、あるいは書き表していいと考えられる段階に至ったのはなにゆえかは、明らかにされていませんが、次のような推測が可能です。「仮名づかい」の問題を考えればおわかりのように、実際に話されている言葉とそれを書きとめるにしても文字との間には乖離があります。「宜」は「ギ」のみならず「ガ」や「ゲ」、「義」は「ギ」のみならず「ゲ」にも宛てられたということに一応なっていますが、むしろ、実態としては「ギ」とも「ガ」とも「ゲ」ともつかぬ音があって、やがて「宜」が「ギ」と発音されるようになったと考えるべきでしょう。同様に、現行の「カ」や「ガ」は

「カ」とも「ガ」ともつかぬ（聞こえる）音があって、「加」や「河」と聞きとられていた。ここで注意すべきは、書きつける万葉仮名自体が漢字、つまり現行の仮名とは異なる複雑な音の、意味をもった単音節字で、決して発音記号ではなかったことです。この音と音写とのギャップが、「カ・サ・タ・ハ」行について清音表記に統一され、清音化を進めた。しかしながら漢文漢詩の訓《よ》みとしては濁音や半濁音の区別が必要であり、その差をいうために、濁点が付され、それに見合った音に整理されて行ったと。

その濁点を利用して、現在のマンガでは、「あ」のように「あ」に濁点を打って、何と読ませるのでしょうか、「グァ」というような音ですかね、日本人なら何となくわかる、そういう感じを表現する例が出てきています。濁点が発音をつくっているわけです。それから、「え」に濁点を打った「ゑ」もマンガにわりと多く出てきます。「ゲッ」でしょうか。濁点字は、力を入れた状態で発音するのです。濁点に馴染んでいるからニュアンスはわかります。濁点が清音・濁音の明瞭な差を生んだのであって、清音・濁音が日本にもともとあったわけではなく、後で生まれたのではないでしょうか。

同音異義語と異音同義語

また、日本語の基本構造が漢語と和語、つまり漢字とひらがなからできていることが、言《はなしことば》と文《かきことば》の距離の遠い言語を生んだことも指摘できます。

さらに日本語は、音語・訓語に加えて、音語に呉音・漢音・唐音があり、多彩であるという特徴ももちます。たとえば、「行列」という場合の「ギョウ」は呉音であり、「行進」という場合の「コウ」は漢音で、「行灯」という場合の「アン」は唐音です。これはいずれも「行」という字に対する音ですが、それぞれ日本に入ってきた時代と原使用地域と文脈が違うのです。中心を成すのは、奈良時代・平安時代に入ってきた漢音です。それ以前に入ってきたのが呉音。唐音は、唐から宋の時代の音で、ご存じのように鎌倉時代に禅とともに入ってきた音です。

しかし、この呉音・漢音・唐音の区別は徐々に整理される方向に進んでいった方がいいと思います。読み間違って「行灯」を「コウトウ」と読んだ人がいて、それが多数派になって「行灯」がたとえ「コウトウ」と読まれるようになったとしても、それはやむをえないと思います。言葉というのは成り行きに任さなければならないという一面があります。だから崩れていくことに目くじらを立てる必要はないのです。

このように呉音・漢音・唐音と音語が三つある上に、かつひらがなによって俗語・地方語が言語登録されます。そのことによって日本語には同音異義語が多く、また異音同義語も多くあります。つまり音は違うけれども同じことを指す言葉も多いのです。いちばん最初にいった「ロウソ」と「ロウクミ」もそうです。「クミ」と「ソ」は音は違うけれども同じ「組」という字を指しています。

多数の同音異義語と異音同義語の両方をもって日本語は存在しています。このおかげで、電話番号や年号を覚えるのは簡単です。私の母親の里は呉服屋をやっていて、電話番号は五二九番、「ごふく」です。「ご」は音読み、「ふ」は「ひ・ふ・みい」の「ふ」で訓読み、「く」は音読みです。電話番号だけではなく、掛け算の九九にしても、年号にしても、語呂合わせで比較的容易に覚えられるのは、同音異義語と異音同義語が多いことによっているわけです。

詞辞構造の言語

日本語を詞辞構造の言語と捉えたのは、本居宣長に発し、近代の時枝誠記《ときえだもとき》がそれを展開しましたが、この日本語の詞辞構造なるものは、日本語の漢字仮名交じり、つまり漢語（漢字）＋助詞（ひらがな）の構造に由来します。日本語の基本的構造は、漢字で書くことのできる動詞や名詞、つまり「詞」を、「辞」つまり助詞のようなものが支える構造でできています。これは文法の構造というよりも、漢字で書ける部分と、漢字でどうしても書けないところをひらがなで書くという文字の構造＝書字に拠っています。漢字をひらがなが支えるという書字の側が、日本語の構造をつくっているのです。

国語学者も国文学者も、その書字と文字の問題を最初から取り去って、言葉だけの問題として何か解けるだろうと思っているようですけれども、それでは解けない。たとえば、大半の言語は単語単位で分かち書きしますが、日本語は分かち書きをしない。なぜかというと漢字とひらがなが交じり、漢字とひらがなが分かち書き効果をしているために必要ないのです。

「私は学校へ行きます」という文章があるとすると、これをひらがなだけで書く言葉であれば、「わたしは　がっこうへ　いきます」のように、いわゆる仮名書き論者のように、分かち書きをしなければ不明瞭になりますが、漢字とひらがなを混用すれば分かち書き効果が生まれます。このため、文字に頼っている日本語は分かち書きしなくてもいい言語として存在しているのです。

日本語の進むべき方向

ここまで、語彙を中心として話を進めて来ましたが、ひとまず結論として、日本語の進むべき方向、すなわち、日本語を世界に開いていく場合にどのようにしたらいいかという私の考え方を整理しておきたいと思います。

まず、書き言葉（文）を大切にすべきであると考えます。なぜなら、日本語は文字中心の言語だからです。これには、私自身の鮮烈な記憶があります。私の友人の葬式があったときに、記憶に残っている弔辞は、書いた弔辞を読み上げたものだけで、その場での口頭の弔辞には、ほとんど記憶に残るような話はなかったことです。書いたといっても、常套句的、儀礼的なものは別ですが、そのシーンを思い出しつつしゃべった弔辞と、そのシーンを思い出していちど推敲整序して書いて、それを読み上げた弔辞とでは、後者の方が心に残っていくのです。このことの中にも如実に現れていますが、やはり書き言葉を大切にし、書き言葉（文）の話し言葉（言）への繰り込みをはかる方がいいと思います。

現在は、書き言葉を話し言葉のほうに近づけた方がいいという考えが一般的のようですが、逆に、話し言葉を書き言葉の水準の方に押し上げていった方がいいというのが私の考えです。語弊があるかもしれませんが、一つのイメージとしては、天皇や皇后や皇太子や皇族が周囲を慮って人前で話すような、そういう話し方がわれわれの日本語の日常になってくることによって、世界水準の言葉になってくるのではないかと思います。そうでないと、ひらがな語の放縦によって、どんどん言葉の水準が下がっていくことになります。

それから、敬語、男女語差もなくなる方が基本的にはいいと思います。もちろん変な敬語の使い方をしたら注意するということも必要でしょうけれども。粗雑なもの言いは困りますが、敬語、男女の言葉の差は方向としては、なくなった方がいいと思います。

助詞・助動詞、あるいは言葉の末尾などは、日本語がいま過渡期にあるので当分乱れることでしょう。近年のスポーツ選手は、「がんばりますので……」とは言わず、「がんばるので……」と言います。そんな変化に注意を払いつつ、敬語等は省略して単純明快な方向に進んでいった方がいいと思います。

それから擬音・擬態語表現はなるだけ避けた方がいいと考えます。まして書く場合においてをやです。私も、「トン・スー・トン」というような言い方で、文字の点画を書く際のリズムである三折法を表現するしかないというときには使っていますが、使うときは厳密にそれを定義して使うようにしています。

さらに、明治以降に翻訳された漢語の再定義が必要であり、これはやらなければいけないと思います。民主主義という漢語が日常的に使われますけれども、これは民主制という民主的な政治制度の問題ですから、政治制度としてきちっと定義付けていくことが必要です。とくに社会科学系の語彙では、日常の言葉として漢語を再定義する必要があります。

まとめますと、漢文・漢語教育と和文・和語教育と欧文・欧語教育と書字教育の向上が必要不可欠であるということになります。

文体を中心として

西欧における文体の概念

さて次に、文体から日本語について考えてみようと思います。

その「文体」という概念が西欧ではどのような扱い方をされているかをクセジュ文庫のピエール・ギロー『文体論』(佐藤信夫訳)から引いてみますと、「文体論は、表現の科学であり個人的文体の批評でもあるという二重のかたちをもつ、現代の修辞学ともいうべきものである」とあります。

文体というのは「スタイル」の訳語です。スタイルというのはフランス語のスティルです。スティルというのは尖ったものという意味で、尖筆という訳語があります。いまは少なくなりましたが、かつてレコード針のことをスタイラスといいました。針は尖っているからです。「尖筆」と書いてスタイルとルビを付けている場合もあります。要するに筆記具や刃物に共通する尖った構造のもの、ことをスタイルといいます。

「辞書には、このスタイルという語について、そのおもなものでも、〈思考の表現のしかた〉からはじまり〈ある作家、ある芸術家、ある芸術、ある技術、あるジャンル、ある時代などの、特殊な流儀〉をへて〈生きかた〉にいたるまで、ざっと二十ほどの定義が提示されている。極端な定義としては、スタイルは挙動の特有の風格という意味でもある。というわけで、形態とその形態を与える因果ぜんたいとの関連をあつかう研究としての、一般スタイル論というべきものを想像してみることもできるかもしれない」とギローは書いています。

そして「スタイルという語も……〈ことばを媒介とする思考の表現のしかた〉」であると結論づけています。これがギローが定義するところのスタイル、つまり文体です。

日本語における六種類の文体

ところで、ヨーロッパの言語というのはアルファベットでできていて、アルファベットで文章が綴られていきます。要するにその綴られ方（書字）とその表現する内容との兼ね合いがいまここでいわんとしている文体ですが、日本語における文体研究というと実は妙なことになります。

どう妙なことになるかというと、日本語の場合には、片側には漢文つまり漢字文があって、片側には和文つまりひらがな文があるという、そういう文字の違いにもとづく文体の違いがまずいちばんに問題になってきます。要するに表現の内実、思想、つまり文の色・艶であるとかその全体に関わるようなスタイル、文体の問題ではなく、それ以前に形式的な文体の問題が深く関わってくるのです。

難解な漢字を多用して芥川賞を取った平野啓一郎の『日蝕』が森鷗外に似た擬古的な文体であるというようなことをいわれました。逆に、すべてひらがなで綴った詩が新しい表記だというような、さらには横組み小説を試みたというような、そういう表面的なかたちとしての文体の問題にすり替わるのです。私の場合は、『日蝕』の文体はパソコンゲームや戯画を貫く文体だなァと感じたのですが。むろん形式的な文体もやはり内容や思想と関係してはいるのですが、その形式的な文体と表現としての文体の問題を腑分けしないと、西欧がいう文体の問題にまで入ってはいけません。漢字文であるか、ひらがな文であるかというかたちの上での文体の問題を、まず文体の問題としていちど押さえた上で、その形式的な部分を相対化し、括弧に入れてしまわないかぎりは、本当の意味での表現としての文体の問題に入っていけないという大問題があるのです。

日本語的な形式的文体を整理してみます。日本語における文体は、これがすべてだと思いますが、大きくいうと六種類に分けられます。漢字文とその反対側にひらがな文、さらには自立性は低く、かつての電報文のようなものだけれどもカタカナ文があります。しかし実際にはその中間領域が現実によく使われる文で、まず漢字の多い漢字カタカナ交じり文と漢字ひらがな交じり文。次に、仮名の多いひらがな漢字交じり文とカタカナ漢字交じり文。さらには三文字混用文もあります。この形式的文体が、西欧語のような「表現のスタイル」の前に立ちはだかってしまうのです。

漢字・ひらがな・カタカナに起因する日本語のスタイル

いま、私がここで採り上げようとしている文体も、「表現のスタイル」としての文体の問題ではなくて、それ以前の、漢字・ひらがな・カタカナに起因する日本語のスタイルの問題について考察することになります。しかもそれは日本語においては、かなり決定的な意味をもっています。

先ほどいった女性語・男性語も敬語・丁寧語も多くは語尾の問題でした。要するに助辞、ひらがなの部分をどのように表現するかで丁寧になったり、粗雑になったり、あるいは職業を特定できる文章になったり、男性の文章になったり、女性の文章になったりします。男性語・女性語の区別のある語彙もありますが、むしろ文体の問題として、さまざまな表現差が出てきます。

この話の前提として、「言葉は語彙と文体からなる」と定義付けました。語彙という一つのまとまり、単位と、それを結び付けて一つの文として成立させるところの文体と、この二つが言語の本質だと私は考えています。文法や語順は相対視できます。

たとえば日常われわれが話している言葉を、喫茶店なり、あるいはこのフロアでもいいですが、テープレコーダーに録ってそっくり文字に起こすと、脈絡がなかったり、単語を並べているだけだったり、あるいは語順がでたらめであったり、七割から八割がたは何を言っているのかわからないこともあります。

「私は　学校へ　行く」「私は　行く　学校へ」「学校へ　私は　行く」「学校へ　行く　私は」「行く　私は　学校へ」「行く　学校へ　私は」、さらには助辞を欠いた「私　学校　行く」「私　行く　学校」「学校　行く　私」「行く　私　学校」「行く　学校　私」、あるいは一部の助辞が出現する「学校へ　私　行く」等々があって、文として滑らかなのは「私は学校へ行く」ではあっても、実際の会話の現場では、可能性としてはすべてありえます。日常語はだいたいこんな具合にできています。日本語の語順は、「私は学校へ行く」というのが正しいことになっていますが、我が子が「ぼくは学校へ行く」と言えば、よそよそしくて何なのだろうといぶかしく思えるでしょうし、あるいは、「は」が強くはたらいて他の人とは別行動をとるという意味になります。普通には「ぼく学校へ（に）行く」でしょう。いや、「ぼく」という語も言わない。要は、文法を定め、それに従うことを建前にしているだけの話で、現実の日常会話としては多様な語順と表現がありうるのです。

したがって、歌謡曲で、語順を入れ替えても堂々と通用する歌詞が多くあります。たとえば吉幾三の『雪國』。「好きよあなた今でも今でも」と始まりますが、「あなた好きよ今でも今でも」「好きよ今でも今でもあなた」「今でも今でもあなた好きよ」「今でも今でも好きよあなた」「あなた今でも今でも好きよ」、いずれの組み合わせでも別段誤用ではなく、現実にはありえます。

語順も、先ほどお話しした文法でいうところの品詞も、それほど大きな問題ではなくて、とくに助辞の類については、これはたとえば「は」と「が」の違いということがありますが、それは厳密にいえばそういうことになるのかもしれないけれども、実際には「は」も「が」も両者が入り乱れた大らかな使い方をされています。

日本語というと、「どこどこへ」か「どこどこに」かというような助詞が問題になりますけれども、助詞を使わない例も多く、それはどちらでもいいという立場の方がよくて、むしろ何をいわんとしているかということの方により注意を払った方がいいと思います。

最低なのは、言葉遣いが原因で喧嘩をして会話が成立しなくなる例です。新入社員が社長に、「おい、お前」といえば、社長はそれは怒るでしょうけれども、やはりそこのところは、「この子は何をいわんとしているのか、いいたいことがあれば聞いてあげるよ」というような言語生活によって、日本語が一歩でも二歩でも先へ進んでいった方がいいでしょう。

既述のように、日本語の文体は、答えとしては簡単明瞭で、漢字文体（漢語・漢文・漢詩）とひらがな文体（和語・和文・和歌）を両極に置いて、そのあいだに漢文訓読体と漢字・ひらがな交じり文体を交えて成り立つ雑種文体ということになります。その文体が用字の問題に関わり、かなりの部分が音語、訓語の問題であり、助詞や助辞の問題にすぎません。「行きます」といえば普通の言い方ですが、「行きますわよ」というだけである階層の女性が言ったということに変わっています。このようなところを厳密に使っていくことに、果たして日本語の未来があるでしょうか。

だから日本の、ニューハーフというのでしょうか、男性の女性志願者、あるいは女性の男性志願者もあると思いますが、その相当部分は、むしろ女言葉を使ってみたい、あるいは逆に男言葉を使ってみたいという心理がかなり根深くあるような気がします。日本の男女が入れ替わる問題は、男言葉でしゃべってみたい、女言葉でしゃべってみたいという問題がかなりの部分絡んでいる特殊性があるのではないかと思います。

日本の知識女性は、もう西暦一〇〇〇年頃にはかな文字＝女手を使って自分たちの思いを述べられるようになって、あの男はひどいとか言えるようになり、それはもう世界でいちばん早く文化的に解放されました。それは知識女性にとってはものすごい解放形態です。「ごとし」とか、「いわく」とか、「おもえらく・ねがわくは・おしむらくは・いわゆる・べし・べからず」とか、そういう助動詞や副詞句を変えていくだけで漢文訓読調になったり、そこを変えていくだけで逆に和文調になったりします。典型的なのは、「です・ます調で統一します」とか、「断言口調の『だ』で行こう」というように、末尾を変えるだけで文章の表現する位置が変わってしまう。これはやはり末梢肥大であり、その陰で肝心なものが成長を止めています。

一国の総理大臣が、「そんなことぼくが知るわけはないでしょ」と言えるという、ついに日本語がそこまで来ましたからね。首相というのは人格化された国家、いわば国家の代名詞です。あなたが国家なのに、「ぼくがそんなこと知るわけはないでしょ」と開き直っているのです。これに対して野党も「あなたは国家だ」と反論できない日本語にまで落ちているということです。

末梢肥大の伝統を墨守して、これからもやっていこうというのではなく、末梢のところはともかく置いておいて、むしろ軸になる、新聞でいえば漢字で現れてくる語彙たる詞の方にこそ多大な注意を払っていくことが必要です。

そのためにはまず、翻訳された漢語については厳密に再定義していくことが必要です。たとえば先に述べた民主主義などという漢語も、これは民主的な制度の問題ですから、政治制度としてきちっと定義付けていく。また、漢語の悪いところは、「善処」「検討」「適切に処理」など誤魔化しの常套句としても使われますので、そういう用法を排除していきながら、表現できる語彙をともかく増やしていかなければ、日本語は、語彙に詰まって表現できない言語になってしまいます。

いくら末梢の用法を覚えてみたところで、それは男性の言葉を女性の言葉に変えることはできても、自分の思いを正確に表現できることにはなりません。飛躍だと思われるかもしれませんが、こういう言葉に詰まった段階に至ると、言葉の代わりに身体暴力、また筆記具が刃物に変わります。書く言葉あるいは話す言葉による精神的交通に行き詰まると代償的に肉体的交通へと短絡します。ブスッと刺す刃物の方向へ行ってしまうのです。現在日本の若者の格闘技指向の中には、精神的交通障害とその代償という問題が隠れているように思われます。

形式的・表層的文体区分を超えて

漢字とひらがなを二つの極とする日本語の文体の始源は、『古事記』あるいは『日本書紀』におけるところの、一つは漢字文、つまり漢文です。「臣安萬侶言《もう》す」云々という『古事記』の序の漢文、それから『古事記』の中に入っている「夜《や》久《く》毛《も》多《た》都《つ》　伊《い》豆《つ》毛《も》夜《や》幣《へ》賀《か》岐《き》都麻碁微爾《つまごみに》」云々という万葉仮名の歌です。漢文の線と仮名文の線の二本線です。この漢字と仮名の二本の線＝複線が日本の文体の基調としてずっと流れてきており、近代に入ってもその構造は変わっていません。

たとえば明治二十五年（一八九二）の北村透谷『厭世詩家と女性』の、

蓋《けだ》し人は生れながらにして理性を有し、希望を蓄へ、現在に甘んぜざる性質あるなり。社会の奝縁《いんえん》に苦しめられず真直に伸びたる小児は、本来の想世界に生長し、実世界を知らざる者なり。

というのは、漢文訓読の文体です。それから明治二十八年（一八九五）の樋口一葉『たけくらべ』の、

廻れば大門《おほもん》の見返り柳いと長けれど、お歯ぐろ溝《どぶ》に燈火《ともしび》うつる三階の騒ぎも手に取る如く、明けくれなしの車の行来《ゆきき》にはかり知られぬ全盛をうらなひて、大音寺前と名は仏くさけれど、さりとは陽気の町と住みたる人の申《まうし》き、三嶋《みしま》神社の角をまがりてより是れぞと見ゆる大厦《いゑ》もなく、かたぶく軒端《のきば》の十軒長屋二十軒長や、商ひはかつふつ利《き》かぬ処とて半《なか》さしたる雨戸の外に、あやしき形《なり》に紙を切りなして、胡粉《ごふん》ぬりくり彩色のある田楽《でんがく》みるや

う、裏にはりたる串のさまもをかし、

の文体は、和文脈の文体です。

時代は下がりますが、昭和七年（一九三二）の谷崎潤一郎『蘆刈』の、

ちゝはおしづのおもひがけない言葉をきゝましてゆめのやうなこゝちがしたのでござります。と申しますのは自分こそお遊さんをひそかにしたつてをりましたけれどもお遊さんにそのいちねんがとゞいてゐようとは思つてもをりませなんだし、まして自分がお遊さんから慕はれてゐようなどゝは考へたこともなかつたからでござります。

というのは、和文脈の文体どころか紫式部の『源氏物語』の文体そのものです。

このような中で明治四十二年（一九〇九）の夏目漱石『それから』の、

「では、平岡は貴方を愛してゐるんですか」

三千代は矢張り俯《う》つ向いてゐた。代助は思ひ切つた判断を、自分の質問の上に与へやうとして、既に其言葉が口迄出掛つた時、三千代は不意に顔を上げた。

の文体が、漢文訓読体でも和文体でもなく、新しい漢字仮名交じりの近代的な文体であることは歴然としています。

これに較べると戦後の三島由紀夫『仮面の告白』の、

波ははじめ、不安な緑の膨《ふく》らみの形で沖のはうから海面を滑つて来た。海に突き出た低い岩群は、救ひを求める白い手のやうに飛沫《しぶき》を高く立てて逆《さか》らひながらも、その深い充溢感に身を涵《ひた》して、繋縛《けばく》をはなれた浮游を夢みてゐるやうにもみえた。

の文体も、漢字＝漢語に対する依存度が高いながらも和文脈で織り上げられた文体であるといえるでしょう。

言葉は語彙と文体から成る——私は文体というものを、言葉を引き出す力であると同時に、言葉を支え、存在せしめる力であると捉えています。私たちはすでに蓄積された文体を手がかりに表出し表現することで、また新たな文体の創出に参加します。

人類史数百万年、書字史数千年。といっても、味覚を表す語彙や文体が今なお貧弱であるように、文体はまだまだ貧困です。つまり私たちはいいたいことの過半が、いまだ語彙にもならず、文体も未熟で言葉にならないまま、雑音＝感情＝無自覚の意識の闇帯域を漂っています。

このような意味での文体の形成に参加するのが、文学です。漢詩・漢文体、漢詩・漢文訓読体、和歌・和文体、欧文翻訳体などという文体は、形式的・表層的——形式的・表層的な文体もまた、何をいいうるかという領域を定めはしますが——な区分にすぎません。

ところが、日本語では、漢・和・西の三文体が棲み分けているために、形式的文体が過大視されがちです。日本語の文体を批評する場合には、この形式的な文体への依存度を差し引かねばなりません。形式的文体だけで行くと、漢字文体というのは高等で、響きが高くて、あるいは難解でというような評価になり、ひらがな文体になると、女性っぽくて、柔らかくて、しめっぽいというような評価に結果してしまいます。

この漢字とひらがなに起因する形式的な文体の問題はいちど拭い去って、その上で何が新しいかということをいっていかないと、新しい文体というのが、わずかに最後の助動詞を「です・ます」にしたという類に矮小化されることになってしまいかねません。

二〇〇三年下半期には若い女性ふたりが芥川賞を取りましたが、この問題も、女手、ひらがな文の伝統の問題、それから漢文訓読体の伝統の問題と、その問題を仕分けして、そしてなおかつ世界的なレベルでの表現の問題としてどうかということが問われる必要があると思います。

いままでそのように強く自覚してこなかったけれども、要するに文字の問題が、日本語の文法の問題や、あるいは日本語の発音の問題にまで絡んで、さらにそれは、日本語の宗教性や表現の思想の問題にまで絡んでいるということをお話しして、しめくくりとします。

第六講　声と筆蝕

人間は「言葉する」存在である

いま、あらゆることを考えていく際、まず第一番に「人間」というところから、ものを考えていかなければならないと思います。

たとえば自然科学というジャンルに大きな問題があるとすれば、自然科学というものも実は人間が生み出したものであり、自然というものを人間の言葉の枠組みで捉えているのにすぎないということです。

たとえば、われわれが「空の星を観察する」というとき、星は人間とは独立したものとしてたしかに存在はするわけですが、それを「星」と名づけ、そしてそれを通して「観察する」方法というのは、人間が歴史的に「星」という言葉をつくりあげることによってある枠組みを区切り、それを観察しているにすぎない。にもかかわらず、「自然科学」というときに、あたかも人間から離れて自動運動する「自然」というものが存在するかのように、いささか錯覚しているのではないでしょうか。「自然」というときに、それは人間に見られることによって、それ自体の運動とは違うかたちで「科学」というものによって描き出されているにすぎないのだという、人間の側の謙虚さが必要ではないだろうかと思われます。

余談はさておき、ここで「人間」というものは何であるかということを規定してみると、「人間とは言葉する存在である」ということになります。生物学や言語学などの最近の学問では、サルも言葉するんだ、鳥も言葉するんだという。もちろん、そう考えてもいいわけですけれども、私がここで人間が「言葉する」というときの「言葉」というのは、あくまで「文化的な、人間的な」言葉という意味で使っています。

たとえば鳥が鳴く。これは何かを呼んでいたり、何かを訴えかけていたりする。その鳴き声は鳥にとっては完全な言葉であろうと思われます。なぜなら、鳥はたとえば「ホーホケキョ」と一声叫べば、それですべてを言い尽くしているわけです。子供が巣立っていったと言わなくてもいいし、今日の糧がどうのこうのというようなことを言わなくてもいい。ただ「ホーホケキョ」と鳴けば、言いたいことのすべてを言い尽くしている。そういう意味合いにおいて、完全な言葉というものがあるとすれば、それは自然とともにある動物の方にあるだろうといえます。

ここで「人間は言葉する存在である」というときの、その「言葉」とは、「言《はなしことば》」と、「文《かきことば》」の両方を指しています。歴史的には、言葉はその二つから成立しています。たとえば、言《はなしことば》や文《かきことば》を超えて「マンガことば」や「映像ことば」があるとは、やはりいえない。言《はなしことば》と文《かきことば》が、現在の人間の表現の頂点に存在しています。

人間は「はなし」、「かく」。しかし「かく」ということにおいて、「文字」というものは昔からあったのではない。文字は人類史から見れば、ごく最近になって出てきました。中国では三千四百年ぐらい、エジプトあるいはメソポタミアを考えても四千年とか四千五百年ぐらいの歴史しかないわけです。

ところが、それはたんに文字というものの話であって、「はなす」ということと、「かく」ということは、これは人類の誕生とともにありました。「はなす」ことと「かく」ことは、人間の誕生以来の歴史とともにあったのです。この「はなす」ことと「かく」ことを、両方ともに獲得している動物というのは、少なくとも地球上では人間のほかには存在しない。それが人間というものをつくりあげたのです。

「はなす」ことと「かく」こととのズレ、あるいは矛盾に、人間的、文化的な意識が生まれました。動物的な、あるいは植物的な、さらには鉱物的な意識とは違う、人間の意識がです。動物も子を思うようなところがありますが、人間が子を思う思い方とは違う。人間の場合には自然から離れて、たとえば子供に対しても愛憎相半ばする思いというものをもっています。そういう意識がいろいろな事件となって現れたりもしますけれども、その相反する意識というものが、また人間的な言葉を生みつづけているのです。

「はなす」ことと「かく」こと

それでは、「はなす」ということは、いったいどういうことなのでしょうか。「はなす」というのは簡単なことで、人間が身体をもちいて、あるいは口からの音声をもちいて意識を「放《はな》す」ことであり、「離《はな》す」ことであり、「話《はな》す」ことです。それが「はなす」ということの元にある意味です。

ですから、踊りであるとか、あるいはパフォーマンスであるとか、肉体をもちいて「はなし」したり、声をもちいて歌として「はなし」したりする、そういうものすべてが「はなす」ということの範疇に入る。これは人類史とともにあったわけです。

同時に「かく」ということも、人類史とともにありました。石を引っ掻《か》く絵画であるとか、文様であるとか、あるいは石を叩いて欠《か》かす彫刻であるとか。それらが渾然と一体化したものが「かく」という表現です。

この「かく」というのは、どういうことか。実はこれが人間誕生の秘密を握っています。「かく」とは、道具を手にして自然や対象に働きかけて、これを傷つけることです。自然に傷をつけるということ、これはやはり人間の「原罪」であろうと思われます。しかし罪ではあるけれども、この罪を背負って人間というものは生きていくしかない。それは人間的・文化的意識というものをもち、言葉というものをもってしまった人間の、一つの悲劇です。

人間はサルから離れて、あるいはサルの未熟児状態から離れて、なぜ自然に対立するような存在になってしまったのか。自然の中にあって、動物や植物は、その一員として自然の循環の中で暮らしています。ところが人間だけが、自然との関係の間に道具というものを挟み込んだ。いわば対象と間接的に関係するようになったのです。動物や植物は、すべて自然の中に直接的に在ります。だから自然が滅びれば自分も滅びる、あるいは自然の中で自分の生命が滅びれば滅びる。ところが人間だけは、自分と自然との間に道具を挟み込んで、自然から離れたのです。

なぜ、このことが決定的なのか。あるいは、このことと言葉とは、どう結びつくのか。

この黒板に対して、じかにこうして掌《てのひら》で触れる。この姿は、たとえば犬が黒板に触れるのと、さほど変わらない。さほど変わらないけれども、おそらく触れているときに犬が感じていることと、私が感じていることとは決定的に違う。なぜ、どう違うか。それは、私はチョークで実際にこれに接しているときの、その黒板の状態を知っており、その二重性をもって掌で接しているからです。

たとえば、裸足で走り回っていた大地を、棒でトントントンと叩く。このときに、自分が実際に歩いていたときに接した土の温かさは、棒で叩いたときには伝わってきません。そうすると、大地というものは直接的には温かいが、間接的だと温かくはない。両者は違う、だけどこれは同じものではないだろうか、ということになる。するとどうなるかといいますと、この人の頭の中は「?」でいっぱいになるわけです。このクエスチョン・マークが、たとえば「うっ?」という言葉になる。この人間の「うっ?」は、鳥や動物が「うー」ということによって、すべてを言い尽くすのとは異なり、「?・?・?・?・?・?・?・?・?・うっ」というように、クエスチョン・マークが重なった「うっ?」であるわけです。

これが、動物や植物にそなわる自然の言葉とは違う、人間の言葉です。ですから、同じ言葉でありながら違う。「いったいこれは何なんだろうか」という問い、疑問。そういうものが人間の言葉をつくりあげている。人間の言葉は疑問符からできている。それゆえ子供は成長のある時期に、「おかあさん、なぜ空は青いの?」などと次々と疑問を並べたてるのです。

このような触覚の直接性と間接性の矛盾に生まれた言葉は、その言葉自体も直接性のアクセントの強い言葉と間接性のアクセントの強い言葉があります。むろん両者ともに直接性と間接性の矛盾を孕《はら》んでいるわけですが、直接性のアクセントの強い言葉が、言《はなしことば》、間接性のアクセントの強い言葉が文《かきことば》ということになります。

触覚の根源性

いま、お話ししてきた中で、実は「触れる」「触れて感じる」ということが一番の問題になっています。

人間には五感があるといわれています。視覚、聴覚、嗅覚、味覚、触覚です。言《はなしことば》は聴覚言語で、文《かきことば》は視覚言語だというような言い方がかつてはよくされました。けれども、たとえば焼肉屋の前を通りかかると、焼肉のいい匂いがしてくる。そのときに、その匂いを通じて——これはよくあることですが——、店内の風景が、眼前というか脳裏というべきか、確実に浮かぶ。のみならず、いろいろな昔のことがふうっと一瞬に思い浮かんだりもする。感覚、五感、というのは、実はすべてが繋がっています。だから、言《はなしことば》は聴覚言語で、文《かきことば》は視覚言語だといってみても、ほとんど何も語ったことにはなりません。

　ところで、「山を見る」「音を聞く」「匂いを嗅ぐ」「刺し身を味わう」「黒板に触れる」といいますね。「山を見る」、これは山を対象として見ることで、山が対象化されている。「音を聞く」、これは音が対象化されていて、それを聞く。「匂いを嗅ぐ」、これは何か匂いという対象が流れてきて、それを嗅ぐ。それから、何か食べ物の味という対象を味わう。ここでは行為する主人公がはっきり浮かびます。

　ところが、「木に触れる」「肌に触れる」「黒板に触れる」といいますが、ここで「黒板を触れる」とはいわない。すなわち触覚においては、相手を対象化していないわけです。対象化というのは、自分から離れた別の対象として関係することです。対象化できない部分の残る感覚が触覚です。「触れる」は「を」をとらないかといえば、そうではありません。たとえば「黒板に手を触れる」。黒板「に」は方向ですが、「手」は「を」によって対象化されています。

　触覚は、ほかの感覚と違って、人間と対象が独立した関係ではなくて、独立しない相互依存的関係を残しています。こちら側から触れると、あちら側からも触れ返されるという、そういうシーンになる。手と黒板——人間と対象とがもともと離れて存在しているのではなくて、働きかけると働き返され、そこに働きかける主体と働き返される客体ができるという主客の成立が考えられることになる。それが「に」の意味です。これが接触と触覚という感覚の根柢性です。あらゆる感覚の根柢には触覚があります。目も耳も鼻も、あるいは口も、感覚器官はすべて触覚器官たる皮膚の変形したものですから、やはり触覚が根柢にあります。視覚的、聴覚的、嗅覚的、味覚的、そして触覚的に「感じる」ということ、目で、耳で、鼻で、舌で、そして手で触れる、「感じる」ということです。この「感じる」ということ、これが人間的感覚です。

鳥は感じません。鳥は木に触れるけれども、そこで人間が感じるようには感じない。この「感じる」ということが「意識」に変わり、それが「言葉」に変わる。触覚というのは非常に原始的な感覚ではあり、最も根源的な感覚です。

好きだとか嫌いだとか、心が動くとか動かないとかいうときの一番の根柢のところには、やはり触覚的な感覚がうごめいています。わかりやすくいえば、何となく温かい感じがしてそこへ行きたくなるとか、何となく冷んやりした感じがして敬遠したくなるというようなことの根柢には、触覚的な感覚があります。この触覚というのは動物的な触覚とは違って、人間的な言葉や意識を含んだものです。

実はこれが、さきほどお話しした「直接性」と「間接性」ということに関係してきます。

つまり、人間が何か道具をもって間接的に自然に接することと、じかに直接的に接することとの間には矛盾があって、いずれの場合にも二重化しています。たとえば、棒をもって地を叩いたときの感覚は、たんにそれだけではなく、じかに叩いたときの感覚と二重化して感じられる。逆の場合も同じです。じかに地を叩いても、棒で叩いたときの感覚と二重化している。この二重性は人間にしかありません。

また、対象に触れたときには、向こう側から返ってくる感覚を直接と間接の二重に感じることによって、その物に触れた自己、触れられた対象あるいは触れられた自己、触れる対象が出現します。この主体、客体関係は人間にしか生じない。これが「かく」ということの根本のところにあります。人間が道具をもつ、道具の尖端が対象に触れる。触れると、そのときに対象を感じる。そして対象を感じることを通じて、そこに自己、人間というものが誕生し、対象も出現する。

実は「書《しょ》」という営みは、これをやっているのです。手にもった毛筆の尖端が、対象である紙に接する。そうすると、その接触感覚が作者の方に返ってくる。その触覚を感じることによって、その場に自己が生じる。自己が生じ、生じた自己からまた対象に向かって関係する力を加えていく。それに対して向こう側から力が反発される。反発されると、それを抑え込もうとする、あるいは反発する力にさからわずに逃げようとする、というように、さまざまな劇《ドラマ》がそこに生じる。その主客成立、主客交代の劇が、書という表現の本質です。

これは、筆に限ったことではありません。普通に道具と呼ばれるものはすべて、筆記具と同じ形をしています。刀でも、包丁でも、あるいは鋤《すき》や鍬《くわ》でも、一枚の刃の尖端は尖っている。これは相手を窺《うかが》うためのものです。いってみれば道具というものは、相手に傷をつける、相手を窺うための部分と、それから柄の部分とからできています。柄は、力を拡大したり、縮小したりするための装置です。柄の部分に加えたわずかな力で、先の方が大きく動く。その力が対象と関係する道具の尖端部は、かならず尖っています。

英語の「culture」の語源が、土地に鋤や鍬を入れる、耕すという意味の「cultivate」にあるように、文化というのは耕すこと、道具をもって自然と関係することです。対象を殺傷するために道具を使えば、それは武器としての刃物になる。書は、これと同じことを筆を使ってやる。一方は「武」、一方は「文」ですが、どちらも世界を変えようとすることです。

無文字時代の言語

「かく」ことは、「はなす」こととともに、人類史とともにあります。この認識に立てば、無文字社会の人々を劣ったものとして軽蔑するとか、かつてのように殺戮するとか、そういうことはおそらくできないことでしょう。なぜなら、文字を使うか使わないか、そこに表現されたかたちは違うけれども、そこで人間がいわんとしていることは、おおよそ同じようなものと考えていいからです。

しかし、人類史の中で最大の出来事は、文字が生まれたことであることもまた間違いありません。文字成立以前にも、「かく」ことによって表現されたものはたくさんありました。けれども、その中で文字というものが生まれた。文字が生まれるというのは、どういうことでしょうか。

日本にも古代から独自の文字があったと主張する人がいまだにいます。山頂の石や岩に山のようなマークがあった、太陽のようなマークが見つかったという。それはあったんだろうと思います。けれど、文字が生まれたかどうかをどこで判断するかといいますと、それは動詞文字、動詞に相当する文字があるかどうかが鍵になります。

動詞ができますと、たとえば「神が歌を歌う」とか「天が言葉を告げる」とか——だいたい神と天ですけれども——、「〇〇」が「——する」というように、主語と述語ができ、ひとつの構文ができます。そこで文字ができたときに、同時に「神」あるいは「天」という観念が生まれるわけです。

要するに、世界全体をまとめて総合するような、人間を超えたもう一つの別の超越的存在、「天」あるいは「神」を観念する。そしてそこから、その世界観に応じて国家ができ、言葉における主語ができるわけです。この二つのことが同時に起こる。ということは、国家が形成されるぐらいの規模に至らないかぎり、文字は生まれないということになります。実際、文字が生まれたのは、古代文明でいえば、インダス、メソポタミア、エジプト、中国ぐらいしかありません。それぐらいの広域にわたる絶対的な宗教国家が生まれないかぎり、文字は生まれないのです。したがって、日本に独自の文字があったとはとうてい考えられません。

古代中国で動詞は何から生まれているかといいますと、たとえば「卜」（うらなう）。これに「貝」をつけると「貞」（問う）という字になります。亀の甲羅に穴を刻《ほ》って火で焼くと、そこにピピッと割れ目が入りますが、そのひび割れによって占いをしました。ひび割れのかたちが、すなわち「卜」という字です。古代宗教国家的な「天」にかかわる言葉の動詞が生まれる。「歩く」とか「食べる」とかいった誰しも考えそうな動詞ではなく、天に対して「貞《と》う」、それに対して天が一つの答えを送ってくるという、そういうところに動詞がまず生まれたわけです。

文字の成立によって文《かきことば》が生じ、文《かきことば》ができることによって真の言《はなしことば》が生じます。というのはどういうことかといいますと、文字ができる以前の言葉というのは、いまわれわれが考える言葉とは相当に違っていたと考えられるからです。

たとえば「山」であるとか「川」であるとか、そういう語彙が昔からあり、それらを繋いで文章ができていると、こういうふうにわれわれは考えています。ところが、無文字時代の言葉は、はたしてそういうものであったかどうか、非常に疑わしい。むしろもっと音楽的な、あるいは舞踊的なものであっただろうということが十分に想像されます。

その一つの例を申し上げます。文化人類学者の川田順造さんが『無文字社会の歴史』（一九七六年）という本の中で、西アフリカでフィールドワークしたときの報告を書いておられます。モシ族という部族に調査に入りますと、明日は語り部がやって来て村の歴史を語るから、広場に来るようにという。それを聞いて川田さんはテープレコーダーをもって夜明け前から待っていた。すると太鼓を叩く人が広場にやってきて、太鼓を叩きはじめる。そのうちに何か話が始まるのかなと思って待っていた。しかし、いつまでたっても話は始まりそうにないので、テープがなくなっては困るからとテープを止めた。そうしたら最後まで太鼓を叩いているだけで、終わったら一礼して帰ってしまった。そして夜が明けた。やがて掃除をする人がやってきて広場を掃きはじめたものだから、語り部はまだ来ないのかね、と聞いた。「いや、さっきいたでしょ」と掃除する人は答えた。あの太鼓を叩いていた人が語り部だったのです。実は、太鼓の音が歴史を語っていたのです。トントントントンというのが、いってみれば、それが言葉であったということです。言葉とは、文字ができる以前は声であり、音であり、身振りであり、要するに力であった。力そのものが表現であるということです。

私がいま話しているときに、直立不動で抑揚もつけず、「も、じ、と、い、う、の、は……」と機械のようにしゃべっていっても、みなさんには何のことかさっぱりわからないでしょう。やはり身振り、手振り、あるいは声のアクセント、強弱があって、それで全体として話の意味を感じ取っていく。

たとえば、「はい」といえば、まあ「イエス」ということになっています。しかし同じ「はい」であっても、言い方一つで、いろいろなニュアンスが含まれる。「はい」といいながら、「ノー」のニュアンスを響かせることも可能ですし、「はーい」と高い調子でいえば遊んでいる感じになる。「はい」ではなくて「うん」でも同じですね。言い方一つで、「好き」といいながら「嫌い」という意味を盛ることもできる。

では、何が言葉の真の意味を担っているのかというと、音の高低であり、強弱であり、また表情であり身振りです。そういう、言葉にならないものをすべて引き連れた全体にしか、言葉は本当はないのです。だから無文字時代の言葉というのは、もっと音楽や舞踊のようなものであったと考えられます。

無文字時代の言葉というのは、われわれの想像を絶するような、ある意味では非常に豊かな驚くべき世界です。金田一京助がアイヌの中に入ってアイヌ語を必死に聞き取りましたけれども、それは文字によって聞き取っているのであって、カタカナやアルファベットで書き表せばこんなものだろうということにすぎない。そこにあった身振りや、声の高低や強弱、そういうことはすべて捨象されている。おそらく本当のアイヌ語は、金田一京助が書き取ったようなものではなかっただろうと思います。

それは現在、われわれが日常普段に使う言葉からも想像できます。話すときに、書き言葉のようにきちっと最後までしゃべっているわけではありません。それに余計なものもいっぱいくついている。「それでよー」「だれだれがさー」の、「よー」とか「さー」というのは、いったい何か。「それでねー」の「ねー」とはいったい何なのか。実はそこに昔は、いろいろな意味合いがあったんだと思います。そういう表現の残滓《ざんし》がいままで残ってきている。そういう、発する力を原動力とし、声、身振り、手振り、表情、目つきなどが相互に溶け合った言葉の原像が描けます。

ところで、文字ができたことで言《はなしことば》ができた。このときに、音楽が言葉から離れ、舞踊が言葉から離れて独立した。だから、舞踊が言葉の元であったとか、あるいは音楽が言葉の元であったということではありません。渾然とした言葉があった。渾然とした言葉が言《はなしことば》というかたちに収斂する過程で、脱ぎ捨て、置き残してきたものが音楽や舞踊というかたちで一つのジャンルとして独立して、それぞれの発展を示すようになったのです。

文《かきことば》も同じです。文字ができることによって、文字に捨てられたところの表現である絵画、彫刻、あるいは文様などが、それぞれの表現として独立してゆくわけです。

日本の縄文時代というのは、ちょっとあやしいところがあります。あやしいというのは、縄文の終わり頃は中国で古代宗教文字段階を脱した政治的（啓蒙的）な文字ができる時代（秦の始皇帝の時代）と重なっていますから、中国の文字と日本の社会の変化との兼ね合いがどういうふうだったかというのが、いささか問題になってくるわけです。しかし仮に、縄文土器の文様が百パーセント無文字時代の表現であったとすれば、あれは間違いなく言葉以前の言葉です。たんなる文様などではけっしてありません。さきほどの太鼓の音と同じようなものです。太鼓の音と同じように、刻み目の一つ一つに王の物語か国造りの物語かはしらないが、物語が刻み込まれている。ただ、それは文字ではないから、あとからその意味を復元できないにすぎないということだと思います。むろん縄文時代でも、その真の意味が忘れられ、スタイルとしてのみ踏襲されていきますから、すべての縄文文様や形状が歴史を書きとどめているというわけではありません。

無文字時代の文様といわれているものは、私はすべて、言葉だというふうに考えています。ラスコーやニオーの壁画に鹿が描かれている。そこに槍が刺さっている。これには明らかに物語が描かれています。文字以前の時代の言葉によって物語が描かれている。あるいは「文」という字――。これは人が×印の文身《いれずみ》（入墨・刺青）をしたかたちからきている。文身は、体に描いた物語です。やがてそれが物語力を失って形骸化して装飾になっていきますけれど、もともとは物語であったと考えられます。

文字と書字

文字ができることによって、いろいろな表現が次々と分かれて生まれてくる。そうなると、文字も文字自体で一つの発展の仕方をします。紀元前一四〇〇年から一三〇〇年ぐらいに東アジアの大陸に文字ができる。さきほどいいました「卜」という文字などが、亀の甲羅の上に刻み込まれて生まれてくる。そのときの文字というのは、たとえば「王」「王」で、形は異っていてもいずれも「王」を意味しています。これはともに鉞《まさかり》のかたちです。つまり、鉞のかたちが描いてあれば、それがどんなかたちをしていても「王」という意味を示している。鉞が王の象徴だった。ということは、「王」とは鉞であるという神話を共有していないところでは、この「王」という文字は使えないわけです。

　こうした古代神話に裏づけられた文字の時代が、文字成立後、約千百年ぐらい続きます。いま、われわれは「王」と書きますが、これの元になる文字が秦の始皇帝時代の「王」です。この書体を篆書《てんしょ》といいます。四本の線を寄せ集めれば「王」だということです。これが、紀元前二二〇年頃です。文字が、象徴ではなくて、言葉と対応する線の集合体になった。つまり、「字画《じかく》」によって文字が表されるようになった。もうここには鉞の影はなく、横三本、縦一本の線で「王」ということになった。ここに古代宗教国家的神話から解放された政治的な文字ができた。

　こうした飛躍ができたのは東アジアだけです。ヨーロッパはそれに失敗し、アルファベットになってしまった。文《かきことば》としての文字が消え、いわば言《はなしことば》の発音記号であるアルファベットになったのです。

　このように文字が、宗教のための文字から政治のための文字に変わったのが紀元前二二〇年頃。それが、紀元後三五〇年ぐらいから、「文字」ではなく「筆触《ひっしょく》（＝タッチ）」に変わりました。どういうことかというと、文字は「書く」ことに変わった。いま、しばしば「文字を書く」といっていますけど、「文字を書く」というのは正確ではありません。詩を書いたり、小説を書いたり、手紙を書いたりしているのであって、「文字」を書く人はいません。「文字」を書いているのではなくて、「言葉」を書き止めている。そういう、現代にまで至る重要な転換点が、王羲之《おうぎし》の時代に生じたと想定できます。

といいますのは、「王」はもともとは「鉞」であった、その「鉞」が四本の線になった。そして、その次にどうなるかというと、「王」のような変な恰好になります。これを隷書《れいしょ》といいます。本来、「王」を示すのであれば線が四本あればいいだけなのに、ここには「書く」ということの喜びと、その喜んだ姿が最終画に現れてくる。筆をグッと抑えると、筆の穂がパッと開いて、そこに太い線の姿が現れてくる。筆をスッと緩めると、スーッと細い線の姿に変わる。これは、この文字自体の意味とはなんら関係ないものです。関係のないものを引きつれたこの「遊び」、それがすなわち「書く」ということであり、「筆触・筆蝕」ということになります。

古代宗教文字・神話的文字から政治的な文字へ、そしてそれから人間が書く、人間の喜びや悲しみに満ちた文字に変わった。だからいま、われわれが「文字」と呼んでいるものは、実は「言葉」の一つの陰翳だということになります。そういうもの以外では、文字はありえません。ただし、これは東アジアでの話であって、西洋となると少し違います。その話は第七講「文字と文明」でお話ししたいと思います。

こうした段階の文字をもう少し精確に見ていくと、それはたんに「文字」というよりも、「人間が書く」ということが忍び込んでしまったところの文字、すなわち「筆蝕」という言い方がより的確だと思います。そして、その筆蝕も声も、その根源は、「力」です。力が強弱をもつ。その強弱がさまざまな言葉の違いを生み出し、さまざまな表現の違いを生み出してくる。強さと弱さの相互関係が、いろいろなステージに分かれていって、母音の違いになり、子音の違いになり、単語の違いになり、そして文の違いになるというようなかたちで言葉は発達したと思われます。

「言葉」は「力」です。たとえば言《はなしことば》なら、いままさに発しようとするその言葉に合わせて、身体のすべての細胞配列を変えていって、やがて声として出てくる。それが言葉です。文《かきことば》であれば、筆記具の尖端に向けてあらゆる想念が集中し、次から次へと浮かんでは消え、浮かんでは消えた結果が最終的に定着される。だからそこには、頭の中に浮かんだ百万分の一ぐらいしか定着されていない。あとのほとんどの想念は消えてしまう。しかし、思い浮かべ、それを整理し、そしてそこに定着させる力が、文《かきことば》を生んでいます。

第七講　文字と文明

「文字」と「文明」の再定義

講義も最終回になりました。「文字と文明」というテーマでお話をさせていただきますが、前もってお断りしておきたいことがあります。今日お話しする内容は東アジアと西欧の文明比較でありますが、その違いはあくまでアクセントの違いであることです。いわば五〇・一％がヨーロッパ的、あるいは五〇・一％が東アジア的だというような意味でありまして、根本的に二つの文明が異なるというようなことがいいたいわけではありません。

さて、「文字と文明」というかたちでテーマを設定しました。「文字と文化」という言い方もあり、「文明」と「文化」について学者の方がいろいろに定義づけ、議論しておりますけれど、私なりの一つの定義というものを考えてみます。

この文字文明研究所は、最終的に英語では「Institute for Writing and Civilizations」としました。「文字」というのをどう訳すかというのが最大の問題でした。本当はこの研究所は「書字文明研究所」あるいは「書字文化研究所」がその内実です。要は「書く」ことが対象です。「文字」というよりもむしろ「書く」ということ、それは私が定義づけた言い方をしますと「筆蝕《ひっしょく》する」ということになります。「筆蝕化された言葉を文字という」という意味合いで、「文字」というのを「writing」としたわけです。

次に「文明」という言葉です。ここでは「civilization」としていますが、私にはどちらかというと「enlightenment」という英語が浮かびます。「enlightenment」に相当する漢語は「啓蒙」ということになります。この「啓蒙」という言葉が私は子供の頃から嫌いでした。「蒙」というのは蒙昧、要するに暗いところ。暗いところを啓《ひら》いていく。いわば無知なものを教育していく、というような、そういうイメージが強く感じられて、好きな言葉ではなかったわけです。

しかし、『中國書史』(一九九六年、京都大学学術出版会)を書いていく中で、秦の始皇帝の時代に新しい脱神話・政治文字が生まれたときに、たしかに東アジアの景色が一変したと感じられました。中国大陸からパーッと光が射し、周辺部を明るみに出していくという、そういう一つのイメージが訪れて、そこから抜け切れなかったものですから、そのときから「啓蒙」という言葉に強い抵抗感はなくなりました。光が射していって、周辺を明るみに出す。そういうふうにこの「文明」という言葉を考えたいわけです。したがって「文明」とは「啓蒙」つまり光が射すことであると、私は考えます。

「文字」は「かく」ことによって生まれます。「文字」とは「かくこと」の別名です。「かく」ことは、「cultivate」することですから、「文化」です。「文明」というのは「啓蒙」です、「明るみに出す」ことです。そうしますと、「文字と文明」という言葉は、「文字と啓蒙」「書くことと文明」「書くことと啓蒙」「文化と文明」「文化と啓蒙」ということにもなります。そういう意味合いで考えれば、それが「文字と文明」ということを一番根柢のところで考えることになると思います。

音写文字・アルファベット

第六講「声と筆蝕」では、無文字時代の言葉について考えてみました。語彙と呼ばれるもの、あるいは文体と呼ばれるもの、そういうものは、どうも文字ができてからのものであって、それ以前の無文字時代の言葉の段階においては、はっきりとした輪郭はなかったのではないか、という話をしました。

実際には、無文字の世界、たとえばアフリカなどにあった無文字の社会にフィールドワークで入り込んで、その言葉を拾い出し、語彙とその繋ぎであるところの文体を報告している事例があります。ただし、ここに私は根本的な疑問があります。はたして言葉というものが、いまわれわれが考えるように、ここからここまでは単語として切れていて、それを繋いでいるというような構造であろうかということです。

たとえば、まったく知らない言葉を聞いたときに、もう少し具体的にいえば、たとえば青森に行って土地の人が早口でしゃべっているのを聞いたとき、いったいどこでどういうふうに切ったものか、それがどう発音されているのかということが、他所者《よそもの》にそんなに正確に聞き取れるものだろうかという疑問です。「enlightenment」という言葉が発せられれば、綴《スペル》りを知っている日本人の場合は「エンライトゥンメント」と聞きます。これはひらがなやカタカナで聞くのであって、英語の実際の発音とはまったく違います。綴りを知らない日本人の耳に実際に聞こえているのは「エライメ」ぐらいのところでしょうか。そういう例が、おそらく無数にあるはずです。

だから、無文字時代の言葉がどうであるかといっても、実は文字をもつ人間が無文字の世界の中に入り込むと、一瞬にしてその無文字の言葉の状況が変わってしまって、たとえば有文字の人が「もう一回、言ってください」といって、話している当人でさえ意識しなかったような言葉を通行させて、無理矢理、その言葉を変えていってしまう。そういうことが、ベースにあると思われます。したがって無文字時代の語彙と文法、あるいは語彙と文体というようなものは、いまわれわれが考えるようなものではなくて、私はもっと深い陰翳《かげ》をもっていたと考えています。

さて、「文明」ということになります。最近ではあまり東洋と西洋の違いというような言い方をしなくなっています。アジア、それからヨーロッパ、西欧というような言い方、あるいは東欧、西アジアというような言い方のほうが多くなっていますが、かつての伝統的な言い方をすれば、東洋と西洋というような区分けはやはり事実としてあるだろうと思います。

背が高いとか、肌の色が違うとか、そういうような事柄も多少はからんでいるのかもしれませんけれど、もっと根本的なところに、どうも違いがある。それが何に起因するのかということは、これはいろいろな人たちが西洋と東洋という区分で述べてきておられますが、その根本のところを一つ指し示すとすれば、それはやはり文字の問題、文字の違いの問題だということになります。文字に一つの基点を定めてみると、西洋はこうで、東洋はこうで、といろいろなかたちでいっていたものが、意外とすんなり整理できます。

その一番大きな差は何かといいますと、西洋というのはギリシア・ラテンのアルファベットがベースになった言葉の地帯であるということになります。アルファベットは従来の言い方では表音文字ということになりますが、もう少し過激にいってしまえば、これは発音記号です。アルファベット文は言《はなしことば》の、その発音を文字化したものであると。そういう意味で、私は音写文字といっています。音を写し込んでいる文字であるという意味です。

アルファベットの出来方について、いま簡単に申し上げますと、エジプトに生まれた、漢字と同じような表語文字である古代宗教文字が停滞することによって、その宗教的な世界観つまり神話が解かれ、地中海地方を行き来して貿易などの活動に従事していた人たちの勢いの勝った言《はなしことば》に吸収され、フェニキアやギリシアの言《はなしことば》を書き写す文字、すなわち発音記号のように変えられてしまった文字がアルファベットである、ということになります。

もちろん、地中海地方の人たちもまったく無文字というわけではなく、近くに文字ができると、その影響は及んでいたと思いますが、その中で、エジプトの古代宗教文字で表されていた世界と言葉よりも、フェニキアやギリシアの世界の言《はなしことば》の水圧の方が圧倒的に高くなっていたということがあったのだろうと思います。

アルファベットには、もう一つ隠された秘密があります。それは、もともとは子音アルファベットが先行していたことです。子音が頭に来る。書でいえば起筆の側、打ち込む側にグッと力を入れ、そこのところを強調してしっかりと発音するのが、子音アルファベットという隠された起源をもつアルファベットの特徴です。ギリシア・ラテンになりますと母音が生じてきますが、アルファベット語の子音の強さは文字の問題とからんでいます。

それに対して、日本語というのは母音が主で、子音が従の言葉です。書でいえば、収筆のほうに力がかかるということに相当します。これは子音と母音が一体化したひらがながつくり上げている特徴です。つまりひらがなの「子音＋母音」という構造です。

アルファベットは子音から発達しましたから、たとえば略すときに、京都精華大学なら「KSU」ということになりますが、たんに記号化しているだけではなくて、「K」は「きょうと」、「S」は「せいか」、「U」はユニバシティと、すぐに言葉を蘇らせることができます。そういう子音を強調した意味合いがアルファベットにはある。おそらく、そういう子音強調性がアルファベットの声をつくっていると思います。

アルファベットとキリスト教

さて、アルファベット化することで、東アジアの漢字に相当するエジプトのヒエログリフは消えました。ヒエログリフが記号化されて、一つの記号に一つの音《おん》が宛てられる。その記号を発音記号に変えてしまうという過程で、アルファベットは誕生しました。

このときです、西洋が基本的に声中心の言語地帯に変わったのは。音写によって、音のほうが強調されるようになったのです。むろんこれも、あくまでアクセントの違いであって、五〇・一％、音の方にウエイトがあるということです。だから、西洋は音だけで、東アジアは意味だけだという意味ではありません。〇・一％、音の方がアクセントを強めるという、そういう言葉になったということ。これが西洋の基本的な文明の在りようを決定しました。

ヨーロッパは声中心の言葉になりました。それに対して東アジアは、たとえば王であれば、古代宗教時代の鉞《まさかり》の形状が失われ、四本の線と化したとはいえ、ほぼ元のかたちは継続されました。秦の始皇帝の時代に、西洋と同じように脱宗教文字段階に至った際、声を写す記号に変えてしまわないで飛躍させた。それが古代宗教性を排除した文字、篆書《てんしょ》体です。同じ太さでくねくね曲がってはいますが、基本的に線で表されるようになった文字です。これが、東アジアを文字中心の言語に変えました。紀元前二二〇年頃のことです。

東アジアの文字は、はじめ亀の甲羅に刻《ほ》られましたが、刻られた亀の甲羅は地中に埋められる。祭器である金属器は使用するとき以外は蔵《おさ》められる。しかも、文字は人の目に触れないところに鋳《い》こまれ、刻られた。できるだけ隠れよう隠れようとするわけです。これが本来の宗教文字の在りようですが、その扉が開かれ、古代宗教性が排除され、文字は日の当たる場所に出てくることになった。そしてこの文字が、まさに東アジアを「enlightenment」した。光を届かせることになったのです。

言葉が言《はなしことば》中心になると、どういうことが起こってくるのでしょうか。結論からいえば、そこに新たな宗教を生み出さざるをえなくなります。言葉を裏打ちする証《あかし》が必要になるからです。言葉が成立するためには、基本的に嘘がないということが前提にないといけない。言《はなしことば》というものは移ろいやすいですから、その言《はなしことば》の信用を裏打ちするものがどうしても必要になります。そこにキリスト教やイスラム教が、旧来のユダヤ教とは違うかたちで生まれてこざるをえなかった理由があります。

神は絶対です。AとBが話をするときに、それはAとBが話をするのではなくて、Aは神に対して話をし、Bも神に対して話をする。神が証人になって、この二人の話、つまり契約が成立するという関係が生まれてきます。そこには、どうしても絶対者の存在が必要です。言《はなしことば》は神を想定して成立しているということ、要するに言《はなしことば》の元は、神であるということです。それがキリスト教です。「はじめに言《はなしことば》があった。言は神であった」という聖書のあの言葉です。

これに対して文《かきことば》の、文字中心の言語ではどうなるかというと、文字というかたちで、いわば証文としてそれが残るわけです。したがって、キリスト教の神というのは言《はなしことば》における証文だろうと、私は考えています。なにか神のごとき超越者をそこに想定しないかぎり、言《はなしことば》中心の世界というのは危ういという構造があります。

西洋では、縦つまり神に対して垂直に話して、人に対して横に書く。しかし東アジアでは、「天地神明に誓って」という意味で垂直、縦に書いて、人に対して横に話す。

横に話すため東アジアでは、話はあまり信用できない。「そんなの君、ただの口約束じゃないか」というわけです。

西洋では神に対して話す。たとえば、西洋の声楽のあの発声法は、日本の伝統的な歌謡の発声法とはまったく違います。西洋の音楽の基本の指導法では、額のあたりから声を出せというふうに教えます。要するに、神に向かって歌う。神への讃美の歌ですね。そのかわり字は横に書く。

これに対して東アジアでは、紙面の上方に天ができる。「紙の上に『上』という字を書いてください」というと、大概の人は自分の手元から遠いところへ「上」と書きます。「紙の上にチョコレートを載せてみて」といえば、紙の真ん中に置くでしょう。でも文字の場合は、「紙の上に」といえば自分から遠いところを上方とみなして書く。そこが天になるからです。いったん文字を書いたら、逆さにしてもそこが天です。縦に書くということは、天を意識して書いていくことです。そのかわり、話すほうは水平のおしゃべりで、多少のことは

「まあいいや」というようにで話しがちです。

西洋には言葉の神ができる。この神は言葉を裁く神であり、あるいは言葉を赦《ゆる》す神です。裁きと赦しのキリスト教というものが、声中心主義の言葉とともに出来上がらざるをえなかった。それに対して東アジアでは、紙があれば、そこに上＝天つまり神が出てくる（笑）。したがって、キリスト教のような神を生み出す必要はない。書けばいい。書けば、そこに神が宿る。東アジアは、いってみれば非宗教というか、無宗教というか、そういう地帯になっています。キリスト教でいうような神はいません。生まれたときは宮参り、結婚式はいまやチャペル式、葬式になると仏教のお坊さんに来てもらうということにもなるのです。

間違わないでほしいのは、ここでは一人一人がどういう宗教をもつかはなんら問うてはいません。社会全体として、あるいは言語レベルで、キリスト教やイスラム教が全体を空気のように包み込むという、そういう社会システムとしての宗教です。そういう宗教は東アジアにはない。この意味で、キリスト教と言《はなしことば》中心主義とは一体だという感じがします。

実はそれが、最近話題になっているグーテンベルクの印刷術の問題とからんできます。神の言葉集であるところの聖書。これがドイツの一地方の言葉に翻訳され、グーテンベルクによって印刷され出版される。一四〇〇年代、十五世紀半ばのことです。このころからヨーロッパに地方語、いわゆる国語という、単純にいってしまえば、たとえばドイツ語であるとかフランス語であるとかイギリス語であるとかというようなレベルでの言葉が聖書の印刷を通じてできてゆくわけです。

いま、中国語は単音節の孤立語ということになっています。一音節で、単語は相互に繋ぎをもたず、それで言い切る言葉だというのです。他方、日本語や朝鮮語やモンゴル語は膠着語といわれています。しかし大陸にも、日本語と同じような構造の言葉が、いっぱいあったはずです。ところが、文字ができて、その文字・漢字とそれを書きつけた文（つまり漢字文）の中に、さまざまな言葉が吸収されてできた言語が、中国語と呼ばれているものです。たとえば中国の南の福建語などでは、いまだに文字化されない言葉が無数にあります。つまり大陸は単一ではなく、いろいろな国（地方）で、いろいろな言葉、国語があった、しかもそれは無数にあった。

これは日本でも同じです。地方によって言葉が違う。沖縄では島によって言葉が違うし、サハリンにもいっぱい言葉があった。言葉の構造は、どこでもそんなに変わらない。ところが文字ができると、どういうふうにその言葉が吸収されていくかということによって、言葉が変わっていく。国語や文法というものは、こうしてできてくるわけです。

つまり、中国とヨーロッパは同じような構造をもった地方だと思ったらいいのです。中国はひとかたまりだといっていますが、いつもその中では分離独立の指向などいろいろな問題が起こっていますし、言葉も違う。しかし、その違う言葉が漢字・漢字文によって統一されているから、中国というひとかたまりになっている。これに対してヨーロッパは、声中心の言葉になりましたから、いまだに言《はなしことば》の違いによって無数の民族紛争をやっています。中国のようにひとかたまりになることができず、言《はなしことば》によって、小さくいくつにも分かれている。その小さいものがある程度まとまって、いまでいうドイツ語であるとかフランス語であるとか、あるいはイギリス語であるというようなかたちにまとめあげられていくのが十五世紀の半ば、あるいはその前後からというふうに考えればいいわけです。

アルファベットと印刷文字

印刷によって翻訳文を普及する。翻訳する元の語と字はギリシア・ラテンです。ギリシア・ラテンの聖書を各地の言葉で翻訳していく中で、この言葉に何を宛てようかという工夫から、そこに国語というものが生まれてくる。対応する言葉がない場合も多いですから、西洋の各国語の中にはギリシア・ラテン語が入り込んでいます。昔からそうだったのではなく、翻訳するときにどうしても翻訳しきれないものが残っていくわけです。

ギリシア・ラテン語を翻訳する、翻訳することを通じて言葉をつくっていく。そうすると、印刷と文字というものが非常に近しいという、一つの文化的な土壌が生まれてきます。西洋では一八〇〇年代の半ば過ぎぐらいになりますと、もうすでにタイプライターが出てきて、タイプライターで印字するということが抵抗なく受け止められていく。

肉筆というものは、もちろんずっとあります。写本といわれる肉筆、これは聖書をつくるために書くわけです。聖書は聖なる書ですから、装飾性に満ちた、技術の粋を凝らした複雑なものになります。装飾的な文字になる。いわゆるカリグラフィーの元です。装飾的に飾りたてていく文字、これが西洋で文字のデザインが発達した理由の一つです。これは今日の意匠の問題にもからみますが、印刷文字一つをとってみても、西洋の場合、その種類が非常に多い。しかも非常によく設計されている。それに対して日本の印刷文字は、肉筆が中心にデンと居坐っていますから、明朝体、それからゴチック体とその変形ぐらいで、印刷書体はそんなに多くならない。つくったところでなかなか使われない。

聖書を書いていくために生まれてきた文字、それが活字になり、印刷されることによってできてきた西欧の文字の文化。これに対して東アジアの文字の文化では、七世紀半ば、六五〇年ぐらいの楷書《かいしょ》の成立が基準になります。楷書が正書体になる。そのため現在、明朝体活字を設計するときでも、楷書体をはずして考えることはできません。それに対して西洋では、聖書を筆写した、その文字が正書体です。修道院で修道僧が字を一所懸命に写して、そして聖書をつくっていった、そういう文字です。

草書が書史の起源

東アジアの書史上、一つの興味深い出来事があります。それが「王羲之《おうぎし》」という問題で、書でいえば草書《そうしょ》の問題になります。たとえば楷書の「下」という字は、みなさんご存じのとおりです。楷書体というのは従来、隷書体《れいしょ》から生まれたと考えられておりましたが、実はそういう構造ではなく、もっと複雑で、草書体を経て楷書体は生まれています。

隷書を省略したところの草書体では、「下」という字は「⁖」のように三つの点になります。ではなぜ、隷書体の「下」字と、このようなかたちになった草書体の「⁖」字がイコールであると認められるのでしょうか。それは、文字に力、速度、深さ、角度をともなった「書く」という要素が入り込むことが、広く認知されるにいたったからです。「深さ」というのは、紙の奥に向かう奥行きの力のことです。ゆっくりと書いたものはゆっくりとした速度を見せ、速く書いたものは速く書いた速度を見せます。これに加えて書字の際の力の入れ方、抜き方、そして紙に対する接触角度。この四つの要素を考慮に入れれば、隷書の「下」という字が三つの点から成る草書の「⁖」という字になっていくことが、自然に認知される。基本的には三五〇年頃の王羲之の時代の文字に、その構造ができます。

書の歴史の過程の中で――隷書体の「下」を踏まえてのことですが――、やがて草書体は石に刻られることによって、楷書体に姿を変えてゆく。草書をくぐることによって楷書が生まれている。したがって、草書体の化けたものが楷書体であるということになります。楷書ができて、行書ができて、草書ができたというのは誤りです。隷書から最初に草書ができ、それとほぼ同じころに行書が生まれ、そしてそれがいく筋かのプロセス、複雑なドラマをへて、楷書という書体が生まれた。そしてこれが東アジアにおける正書体となります。

なぜ楷書が正書体になるかというと、楷書というのは自然には筆では書けない。非常に書きにくい書体であるからです。これは、刻られる文字と書かれる文字が上下関係を転換して、書かれる文字が正書体となった文字です。隷書の時代までは、刻られるものが正書体、刻られて石碑として聳え立つものが正書体でした。それが、草書体の成立によって、紙に書かれることが広範囲に始まりました。草書体というのは、紙に書く書体という意味です。紙に書く書体は通俗な書体であって、聖なる書体ではありません。政治とともにある、石に刻り込まれる重々しい聖なる書体ではなくて、手に筆をもって紙に書かれる日常普段の書体。しかしいつしか、それまでの石に刻られた文字を追い越して、手で書く肉筆の文字が石碑の上に貼り付いた——それが楷書体です。書くことが刻ることを吸収した、つまり「書く」と「刻る」が統合されて生まれた書体が、楷書体です。筆で楷書体の払いや撥ねの部分を三角形に書く。これは石への刻り跡の再現です。したがって、これらは筆には苦手な表現ですから、起筆や転折や撥ねがうまく書けるようになるために、何年もかかったりするわけです。

「書く」ことから生まれた草書体が、ついに楷書にまで至るわけですが、その草書体——王羲之の書いた草書体には、文体上も秘密があります。王羲之の草書体の注目点は、その手紙文にあります。王羲之の手紙において、それまでとは時代を画するような表現が達成されています。それは、老苦や病苦を書く文体です。中国の一級の貴族の政治家、官僚が、「膝が痛くて、朝まで眠れませんでした」、あるいは「もう私も老い先が短くなって、気も衰えております」というようなことを平気で書く。日本のいまの政治家でも、そんなことは隠します。政治の場でそういう弱音を吐けば、政敵から放逐されることにもなりかねませんから。本来なら避けるべき表現を堂々と書くところに、実は王羲之の手紙のもつ意味がありま す。それは草書体で書かれていて、その草書体が実は楷書体の根っこにある。人間の弱さ——いわば文の弱さ、文弱ですね、そういうものが根元に隠されている書体が楷書体であり、それが東アジアの正書体となった。それは西洋の、聖書を筆記する書体を活字体に変え、正書体に変えたものとは、まったく異なっています。

東アジアとヨーロッパの相互理解の必要

この本につきあっていただいた方は、もうお解りでしょうが、中国というのは何か。これは簡単です。漢字だけをもちいる国です。発音はいろいろ違うじゃないか——そんなものは関係ない。発音は違います。四つ、五つ、あるいはもっと多数。けれど発音は違っても、漢字を使うという一点で、中国は中国としてのまとまりをもっているのです。

ベトナムはどうか。いまの日本人の多くはベトナムというと南アジアと思っているようですが、これは東アジア漢字文明圏の一国です。「ベト」というのは「越」です。「ナム」は「南」です。「越南《えつなん》」、これがベトナムであって、ベトナムという古代現地語があってそれを漢字に宛てたものが「越南」ではない。中国の「越」という国の南の国という意味です。ベトナムは、漢字と、チュナン（字喃）という字を少しもっていました。チュナンは日本語でいえば国字に相当します。朝鮮語は漢字＋ハングルです。それでは、日本というのはどういう国か、日本語をどう定義するかといえば、漢字とひらがなとカタカナを使う言語というのが一番正しい定義だと思います。

日本語の元と、中国語にあった言葉の元とは、そんなに違うと私には思えません。おそらく似たようなものであったことでしょう。しかし大陸の諸語は、漢字・漢字文ができて、そこに基本的に吸着されてしまった。日常の言葉というものはもっと多様で、日本語のように間に助詞を入れるようなニュアンスももちろんあったにもかかわらず、そういうものを入れずに、漢字だけの詩文に徐々に統合されていった——それが中国語です。

ベトナムは、中国に対して異和感の残る部分があったからチュナンをもった。朝鮮は異和感はかなりあったけれど、大陸から離れた群島の日本ほどではない陸つづきの半島であることから、ハングルのできる時期が遅れた。日本は離れ群島ですから、中国への異和感は朝鮮よりも大きかった。したがってひらがなとカタカナをつくった。日本語というものを考えるとき、やはり大陸・中国から海を隔てた島であるということが重要な意味をもっています。たとえば、ヨーロッパにおけるイギリスのような位置関係。そこには土着の人もいたけれど、大陸から来た人もいた。あるいは台湾を想定してもよいでしょう。土着の人もいるけれど、中国から渡った人もいる。日本も、土着の人もいるけれど、大陸や半島から渡った人もいるという、そのように日本や日本語の姿を考えられるわけです。

私が見ているかぎりで、西洋と東アジアの違いをお話しできることがあるとすれば、文字というものの背後に、西洋の場合には印刷文字、比喩的にいえばグーテンベルクが隠れている。同時にこれは聖書の印刷ですから、聖典印刷に伴う装飾性がかなり中心を占めている。たとえば装丁でも、西欧の装丁は、まさにバイブルをモデルとして、革装にしたり、鍵をつけたり、周りに金具をいっぱいつけたり、そういうかたちをしています。それに対して東アジアの場合は、印刷というより、あくまで肉筆がモデルになっていて、外側に飾り立てる装飾性より、内側に文字を成り立たせる力が、大きなウエイトを占めます。したがって日本のタイポグラフィーは、西洋とは違うかたちで展開してきました。

最近、デザインの文字、印刷の文字でも、肉筆をモデルにしたものが多くなっているように思います。海苔の缶、お菓子や酒のラベルなどに、筆文字をデザインしたものが使われています。しかし、それが書の基本や歴史を踏まえない書法でつくられていますから、非常に醜い、妙な文字が氾濫するということが起こっている。毛筆書きの匂いを放つだけで、本当の書の良さや美しさを踏まえた本格的なものではない。時代劇の背景に掛かっている掛軸みたいなもので、雰囲気だけの道具立てです。そういう文字がデザインのかなりの部分に入ってきている。やはり書の歴史を踏まえたうえで、何か良い書き文字が生まれてきてほしいという願いが私にはあります。実はこの肉筆風のデザイン文字は、西欧から見たら非常に特殊な現象に見えることでしょう。

東洋と西洋は違う。言葉が違う。言葉のどこが違うかというと、文字の在りようが違う。文字の在りようの違いによって文明の違いが生じ、文化の違いが生じる。そのままでいいというわけではありません。そういう特徴をもったものが、良いところをお互いに交換するというような時代が来なくてはならないのです。

われわれは近代以降、西洋音楽や西洋絵画の理解につとめてきました。たとえば色彩が音階のように展開し、円環するところの絵画というものも、われわれは理解した、あるいは理解しようといまだに努めています。それに対して、これに匹敵する東アジアの文字中心の言葉の表現というものの根柢には何があるかといえば、それは「書」です。東アジアにおいては書というものが、西洋の音楽と同じような一つの文法構造をもって文明、文化の中央に存在しています。東アジアの文化の中心に書があるという、そのことをヨーロッパの人は理解しなければ、東アジアで起こっていることの本当のところを、いつまでたっても理解できません。

東アジア漢字文明圏では、civilization（都市化、市民化）を文明と、culture（耕作、栽培）を文化と訳しました。「文明」とは、enlightenment、すなわち文字と文による啓蒙、開化のニュアンスを、「文化」とは、writing すなわち文字が姿を変えたものというニュアンスを、濃厚に包含する訳語となりました。文字を中心に捉えた「文明」「文化」という訳語は、東アジア文明圏がつくりあげた、歴史と社会への的確にして絶妙な世界認識といえるでしょう。

あとがき

「日本語とはどういう言語か」という大上段に構えた書名を撰びながら、少々奇妙な言い方になるが、本書は日本語論に新たにひとつの異説を加えようとするものではない。

人間にとってたいせつなことは、言語でもなければ、ましてや言語学などではありえない。人間は生きて仕事をし、生活をし、社会をつくり、その営みを次の世代へと手渡していく。言葉はこれらに必須、不可欠の根源ではあるが、同時に他のさまざまな表出・表現とともになければ生きられない。その活きて活動する言語のありようを考察すると、西欧アルファベット文字文明圏が生んだ音声言語学の範疇からはみ出す、東アジアの言葉のありようが浮かびあがってくる。漢字とひらがなとカタカナという三種類の文字からなる日本語においてはなおさらである。本書は、従来の言語学では捨象するしかなかった東アジア漢字文明圏の書字（文字）言語の現象について、先入観を排して、率直に整理した意味での「日本語とはどういう言語か」である。

本書の主張は、文《かきことば》篇序章の「日本語の輪郭」に尽きている。だが、人間の言葉は厄介なもので、言い尽くそうと思っても言い足りず、次から次へと贅言《ぜいげん》を積み上げていくことになる。第一章と第二章は、序章を補うものである。

人間は話し、また書く。これに応じて、本書は、もともと書き下ろしの文章を集めた文《かきことば》篇と、講義のテープを起こして手を加え、文の体裁を整えた言《はなしことば》篇の二部構成からなる。言《はなしことば》篇もまた文《かきことば》篇、つまりは「日本語の輪郭」を補う。

本書が、従来西欧アルファベット文明圏が生んだ音声言語学をはみ出す東アジア漢字文明圏の書字言語の歴然たる存在に気づき、両側面から言葉が考察され、また、言葉の文体に発し、生活習慣まで広がる文化のスタイル、その蓄積としての歴史まで視野に収めた上での言語の省察に向けての突破口とでもなればうれしい。

本書の上梓に際しては、中央公論新社の宮一穂氏、宇和川準一氏のお世話になったことを記しておく。

平成十七年（二〇〇五）十二月十四日

石川九楊

初出一覧

＊各篇とも単行本収録時に大幅な改稿を施した。

文篇《かきことば》

序　章　日本語の輪郭　『ユリイカ』二〇〇三年四月臨時増刊号（原題「鳥瞰・日本語」）

第一章　日本語とはどういう言語か　『大航海』二〇〇三年四六号（原題「『おはよう』と『こんばんは』――日本語とはどういう言語か」）

第二章　日本語の書法

第一節　日本語の書字方向　『文藝春秋』二〇〇三年三月号（原題「なぜ『縦書き』にこだわるか」）／『文藝春秋』二〇〇二年九月臨時増刊号（原題「縦書きのすすめ」）改稿のうえ一篇にまとめた

第二節　日本語の文字　『本』一九九九年十一月号（原題「片仮名と平仮名」）／『印刷博物誌』（凸版印刷株式会社、二〇〇一年六月）（原題「日本の書体」）改稿のうえ一篇にまとめた

言篇《はなしことば》（京都精華大学文字文明研究所主催の講義の記録にもとづく）

第一講　日本語とはなにか　二〇〇三年五月二十五日

第二講　文字とはなにか　二〇〇三年七月五日

第三講　日本文化とはなにか　二〇〇三年一月十二日（『文字』創刊号〈二〇〇三年七月〉に収録）

第四講　日本文化論再考　二〇〇三年十月十九日

第五講　日本語のかたち　二〇〇四年一月十八日（原題「日本語のかたちⅠ――語彙を中心と

して」）／二〇〇四年一月二十五日（原題「日本語のかたちII――文体を中心として」）（いずれも『文字』第五号〈二〇〇四年十月〉に収録）改稿のうえ一篇にまとめた

第六講　声と筆蝕　二〇〇一年八月四日（『文字』創刊準備号〈二〇〇二年十月〉に収録）

第七講　文字と文明　二〇〇一年八月五日（『文字』創刊準備号〈二〇〇二年十月〉に収録）

本書の原本は、二〇〇六年に中央公論新社より刊行されました。

石川九楊（いしかわ　きゅうよう）

1945年福井県生まれ。京都大学法学部卒業。書家・批評家。著書に『書の終焉』（同朋社出版，サントリー学芸賞），『中国書史』（京都大学学術出版会），『日本書史』（名古屋大学出版会，毎日出版文化賞），『近代書史』（名古屋大学出版会，大佛次郎賞）など多数，作品集に『石川九楊作品集』（新潮社）などがある。

講談社学術文庫

定価はカバーに表示してあります。

日本語《にほんご》とはどういう言語《げんご》か

石川九楊《いしかわきゅうよう》

2015年1月9日　第1刷発行
2020年3月10日　第5刷発行

発行者　渡瀬昌彦
発行所　株式会社講談社
東京都文京区音羽 2-12-21 〒112-8001
電話　編集（03）5395-3512
販売（03）5395-4415
業務（03）5395-3615

装　幀　蟹江征治
印　刷　豊国印刷株式会社
製　本　株式会社国宝社
本文データ制作　講談社デジタル製作

ISBN978-4-06-292277-7

#「講談社学術文庫」の刊行に当たって

これは、学術をポケットに入れることをモットーとして生まれた文庫である。学術は少年の心を養い、成年の心を満たす。その学術がポケットにはいる形で、万人のものになることは、生涯教育をうたう現代の理想である。

こうした考え方は、学術を巨大な城のように見る世間の常識に反するかもしれない。また、一部の人たちからは、学術の権威をおとすものと非難されるかもしれない。しかし、それはいずれも学術の新しい在り方を解しないものといわざるをえない。

学術は、まず魔術への挑戦から始まった。やがて、いわゆる常識をつぎつぎに改めていった。学術の権威は、幾百年、幾千年にわたる、苦しい戦いの成果である。こうしてきずきあげられた城が、一見して近づきがたいものにうつるのは、そのためである。しかし、学術の権威を、その形の上だけで判断してはならない。その生成のあとをかえりみれば、その根は常に人々の生活の中にあった。学術が大きな力たりうるのはそのためであって、生活をはなれた学術は、どこにもない。

開かれた社会といわれる現代にとって、これはまったく自明である。生活と学術との間に、もし距離があるとすれば、何をおいてもこれを埋めねばならない。もしこの距離が形の上の迷信からきているとすれば、その迷信をうち破らねばならぬ。

学術文庫は、内外の迷信を打破し、学術のために新しい天地をひらく意図をもって生まれた。文庫という小さい形と、学術という壮大な城とが、完全に両立するためには、なおいくらかの時を必要とするであろう。しかし、学術をポケットにした社会が、人間の生活にとってより豊かな社会であることは、たしかである。そうした社会の実現のために、文庫の世界に新しいジャンルを加えることができれば幸いである。

一九七六年六月　　　　野間省一

日本語はどういう言語か

三浦つとむ著（解説・吉本隆明）

さまざまな言語理論への根底的な批判を通して生まれた本書は、第一部で言語の一般理論を、第二部で膠着語とよばれる日本語の特徴と構造を明快かつ懇切に論じたものである。日本語を知るための必読の書。

43

考え方の論理

沢田允茂《のぶしげ》著（解説・林　四郎）

日常の生活の中で、ものの考え方やことばの使い方は非常に重要なことである。本書は、これらの正しい方法をわかりやすく説いた論理学の恰好の入門書であり、毎日出版文化賞を受けた名著でもある。

45

論文の書き方

澤田昭夫著

論文を書くためには、ものごとを論理的にとらえて、それを正確に、説得力ある言葉で表現することが必要である。論文が書けずに悩む人々のために、自らの体験を踏まえてその方法を具体的に説いた力作。

153

中国古典名言事典

諸橋《もろはし》轍次《てつじ》著

人生の指針また座右の書として画期的な事典。漢学の碩学が八年の歳月をかけ、中国の代表的古典から四千八百余の名言を精選し、簡潔でわかりやすい解説を付したもの。一巻本として学術文庫に収録する。

397

文字の書き方

藤原　宏・氷田光風編

毛筆と硬筆による美しい文字の書き方の基本が身につく。用具の選び方や姿勢に始まり、筆づかいから字形まで、日常使用の基本文字についてきめ細かに実例指導をほどこし、自由自在な応用が可能である。

436

論文のレトリック　わかりやすいまとめ方

澤田昭夫著

本書は、論文を書くことはレトリックの問題であるという視点から、構造的な論文構成の戦略論と、でき上るまでのプロセスをレトリックとして重視しつつ論文の具体的なまとめ方を教示した書き下ろし。

604